일빵빵 히라가나 일석이조 쓰기노트

일빵빵
히라가나 일석이조 쓰기 노트

2019년 5월 3일 초판 1쇄 발행
2023년 6월 13일 초판 4쇄 발행

지 은 이 | 일빵빵어학연구소
펴 낸 이 | 일빵빵어학연구소
기획편집 | 김효준
마 케 팅 | 윤정아, 최은성
펴 낸 곳 | 일빵빵어학연구소
주   소 | 서울특별시 마포구 양화로 161 727호
T E L | 1544-5383
홈페이지 | www.tomato4u.com
E-mail | support@tomato4u.com
등   록 | 2012. 1. 11.

일빵빵 어학연구소 지음

일빵빵 히라가나 일석이조 쓰기노트

연습한 히라가나로 기초단어 완성하는 기적의 노트!

토마토
출판사

머리말

일본어 공부를 시작하기에 앞서 외우기 시작하는 게 바로 히라가나와 카타카나입니다. 제일 처음에 이 글자들이 적힌 표를 보면 막막하기만 합니다. 그 뒤로 반복해서 쓸 수 있는 빈칸이 나오면서 '이 발음은 이렇게 되고 여러 번 적으면 외울 수 있습니다!'라고 말하는 듯한 교재가 시중에 가장 많이 접할 수 있는 책이죠.

> **❝** 한 글자를 여러 번 적는 방법 말고,
> 배우는 학습자에게 좀 더 외우기 쉽고 도움이 되는 방법이 없을까? **❞**

이 책은 위와 같은 물음에 답하기 위해 제작되었습니다.

첫째, 천편일률적인 히라가나 글자 적기에서 벗어나 학습자가 단어를 적으며 자연스럽게 히라가나를 외울 수 있게 하였습니다.

둘째, 진도가 나간 범위까지의 글자들로만 단어를 구성하여 이전에 익힌 글자가 기억나지 않아도 다시 한번 전부 확인할 수 있도록 단어를 선별하였기 때문에 매번 배운 범위까지의 히라가나를 한 번씩 쓸 수 있게 하였습니다.

셋째, 여기서 소개해드린 단어들 역시 학습자가 기초나 초급 과정에서 익히게 되는 단어들로 소개하여 이후의 학습에 연계가 될 수 있게 고려하였습니다.

독일의 심리학자 헤르만 에빙하우스의 망각곡선에 의하면 사람은 무언가를 기억한 후 20분만 지나도 내용의 48%는 잊어버린다고 합니다.

이 노트에서는 한 유닛을 마치면, 그날 연습한 글자와 이전 유닛에서 나온 모든 글자의 쓰기 연습을 할 수 있도록 단어를 구성하였습니다.

부디 이 교재가 조금이나마 도움이 되어 앞으로 일본어 공부를 하실 때 '괜찮은 책이었다'라고 기억에 남을 수 있는 책이 되기를 바랍니다.

일빵빵 어학연구소 일동

구성

쓰는 순서

◀ 글 쓰는 순서에 맞추어 글자
를 써보면서 익숙해집니다.

▲ 단어 쓰기를 통해 유닛에서 소개한 글자 및 그 이전 글자까지 전체적으로 써보며 공부
와 함께 복습도 같이 합니다.

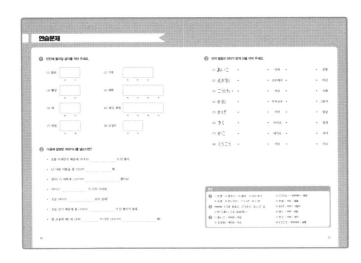

◀ 연습문제를 풀어보면서 기억을
다시 한번 체크해 봅니다.

목차

시작하기에 앞서

일본어는 히라가나, 카타카나, 한자 이 세 가지의 문자를 혼합하여 표기하는데 각각 문자의 특징에 대해 설명하겠습니다.(외래어 표기법상 '가타카나'이지만, 이 책에서는 일본어 발음에 맞추어 '카타카나'로 표기합니다.)

먼저, 히라가나(平仮名)란, 한자를 붓으로 흘려 쓰는 초서체(草書體)에서 비롯한 글자로 완곡한 곡선 모양을 띄고 있는 것이 특징이며 현대 일본어의 기본이 되는 문자라 할 수 있습니다.

다음으로 카타카나(片仮名)입니다. 카타카나는 히라가나와는 달리 한자를 구성하고 있는 일부분을 가져와 비롯한 글자입니다. 그 유래 때문인지 카타카나는 직선적인 느낌이 강한 것이 특징입니다.

이 히라가나와 카나카나를 합쳐 카나(仮名)라고 부르며 한국어의 한글과 마찬가지로 소리를 표현하고 있는 표음문자(表音文字)이기 때문에 카나 각 글자에 의미가 존재하지는 않습니다. 히라가나와 카타카나의 유래가 된 한자에 대해서는 Part 3에서 자세히 설명되어 있습니다.

마지막으로 한자입니다. 한국에서는 글을 쓸 때 한자를 표기하지 않고 한글로 한자의 읽는 소리만을 표기합니다만 일본에서는 한자를 사용하고 있다는 차이점이 있습니다.

예				
食 먹을 식	한국어 뜻	먹다	한국어 음	식사
	일본어 뜻	食べる 타베루	일본어 음	食事 쇼쿠지

'食'이 한자의 의미는 '먹다'이고 한자를 읽을 때는 식인 것처럼 일본에서는 이 한자의 의미가 '먹다=食べる'이며 읽을 때는 '쇼쿠'라고 읽습니다.

이처럼 한자에는 뜻을 나타내는 부분과 소리를 나타내는 부분으로 나뉘어져 있는데,

> 뜻을 나타내는 부분을 훈독(訓読み, 쿵요미)
> 소리를 나타내는 부분을 음독(音読み, 옹요미)

이라 하며, 이는 한국에서 한자를 외울 때 뜻과 음을 같이 암기하듯이 일본 한자 역시 같다고 할 수 있습니다.

히라가나 / 카타카나 표

단(段) 행(行)	ㅏ단	ㅣ단	ㅜ단	ㅔ단	ㅗ단
아행	あ / ア a	い / イ i	う / ウ u	え / エ e	お / オ o
카행	か / カ ka	き / キ ki	く / ク ku	け / ケ ke	こ / コ ko
사행	さ / サ sa	し / シ shi	す / ス su	せ / セ se	そ / ソ so
타행	た / タ ta	ち / チ chi	つ / ツ tsu	て / テ te	と / ト to
나행	な / ナ na	に / ニ ni	ぬ / ヌ nu	ね / ネ ne	の / ノ no
하행	は / ハ ha	ひ / ヒ hi	ふ / フ hu	へ / ヘ he	ほ / ホ ho
마행	ま / マ ma	み / ミ mi	む / ム mu	め / メ me	も / モ mo
야행	や / ヤ ya	(ゐ) / (ヰ)	ゆ / ユ yu	(ゑ) / (ヱ)	よ / ヨ yo
라행	ら / ラ ra	り / リ ri	る / ル ru	れ / レ re	ろ / ロ ro
와행	わ / ワ wa				を / ヲ wo

ん / ン
N

※ ゐ/ヰ, ゑ/ヱ 이 두 글자는 현대 일본어에서는 사용하지 않습니다.

일본어의 카나를 자음과 모음으로 묶어 정리한 표를 말합니다. 자음으로 묶은 것을 행(行), 모음으로 묶은 것을 단(段)이라고 하는데 특히 단(段)은 일본어 문법을 공부할 때 중요한 말이므로 기억해 두시면 좋습니다.

あ
아

い
이

사랑
あい
아　　이

う
우

え
에

위
うえ
우　에

お

히라가나편

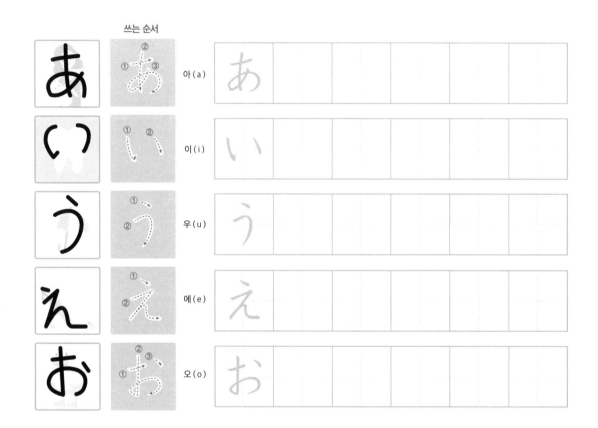

		쓰는 순서							

히라가나	쓰는 순서	발음	연습				
あ	あ	아(a)	あ				
い	い	이(i)	い				
う	う	우(u)	う				
え	え	에(e)	え				
お	お	오(o)	お				

① [아이] 사랑

あい

あ	い				
아	이				

② [이에] 집

いえ

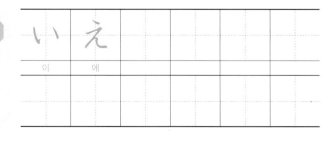

い	え				
이	에				

③ **[이이에] 아니요**

いいえ

い	い	え			
이	이	에			

※ '예'라고 말할 때에는 はい(하이)라고 합니다.

④ **[우에] 위**

うえ

う	え				
우	에				

⑤ **[아오] 파랑**

あお

あ	お				
아	오				

⑥ **[오오이] 많다, 많은**

おおい

お	お	い			
오	오	이			

⑦ **[오우] 왕**

おう

お	う				
오	우				

카 행까지 이미지 연상 쓰기 연습

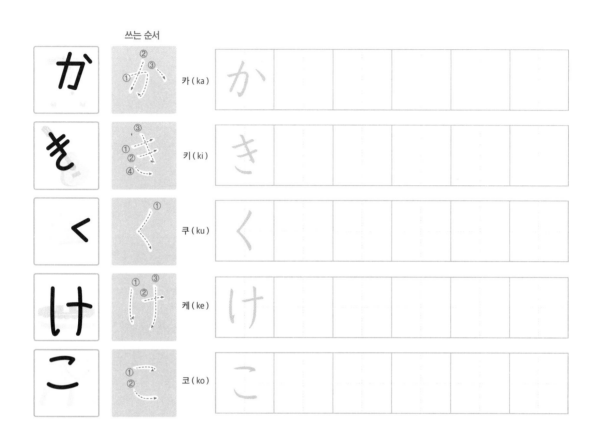

쓰는 순서

카 (ka)　か

키 (ki)　き

쿠 (ku)　く

케 (ke)　け

코 (ko)　こ

① [아카] 빨강

あか

あ　か
아　카

② [에키] 역

えき

え　き
에　키

③ [키오쿠] 기억

きおく

き	お	く			
키	오	쿠			

④ [이케] 연못

いけ

い	け				
이	케				

⑤ [쿠우코우] 공항

くうこう

く	う	こ	う		
쿠	우	코	우		

※ ○○항공이라고 말을 할 때에는 こうくう라고 합니다.

⑥ [이카] 오징어

いか

い	か				
이	카				

⑦ [오오키이] 크다, 큰

おおきい

お	お	き	い		
오	오	키	이		

⑧ [쿠우키] 공기

くうき

く	う	き			
쿠	우	키			

⑨ [케이카쿠] 계획

けいかく

け	い	か	く		
케	이	카	쿠		

⑩ [코우게이] 광경

こうけい

こ	う	け	い		
코	우	케	이		

⑪ [아이코] (가위바위보에서)비김

あいこ

あ	い	こ			
아	이	코			

⑫ [카오] 얼굴

かお

か	お				
카	오				

⑬ [키쿠] 국화

きく

き	く				
키	쿠				

⑭ [카이케이] 계산, 회계

かいけい

か	い	け	い		
카	이	케	이		

⑮ [코에] 목소리

こえ

こ	え				
코	에				

⑯ [키카이] 기계

きかい

き	か	い			
키	카	이			

※ 동음이의어로 '기회'라는 뜻도 있습니다.

⑰ [카코] 과거

かこ

か	こ				
카	코				

카 행 탁음(濁音)까지 쓰기 연습

탁음이란?

일본 글자에 탁점인 「ﾞ」를 붙여 표기한 소리입니다.

か	き	く	け	こ
카(ka)	키(ki)	쿠(ku)	케(ke)	코(ko)

が	ぎ	ぐ	げ	ご
가(ga)	기(gi)	구(gu)	게(ge)	고(go)

탁점 「ﾞ」이 붙어서 ㅋ(k) 발음이 ㄱ(g)발음으로 바뀌게 됩니다.

か행 뿐만 아니라 さ・た・は행에도 있지만 이번에는 か행 먼저 익혀보겠습니다.
카   사 타 하   카

---

① [에이가] 영화

えいが

え　い　が
에　이　가

---

② [카기] 열쇠

かぎ

か　ぎ
카　기

18

③ **[구아이] 몸 상태, 형편**

ぐあい

ぐ	あ	い			
구	아	이			

④ **[카게] 그림자**

かげ

か	げ				
카	게				

⑤ **[에이고] 영어**

えいご

え	い	ご			
에	이	고			

⑥ **[에가오] 웃는 얼굴, 미소**

えがお

え	が	お			
에	가	오			

⑦ **[고우카쿠] 합격**

ごうかく

ご	う	か	く		
고	우	카	쿠		

연습문제

① 빈칸에 들어갈 글자를 적어 주세요.

(1) 열쇠 [　　　　]
　　　카　　　기

(2) 기계 [　　　　　　]
　　　키　　　카　　　이

(3) 빨강 [　　　　]
　　　아　　　카

(4) 계획 [　　　　　　　　]
　　　케　　　이　　　카　　　쿠

(5) 역 [　　　　]
　　　에　　　키

(6) 계산, 회계 [　　　　　　　　]
　　　카　　　이　　　케　　　이

(7) 연못 [　　　　]
　　　이　　　케

(8) 오징어 [　　　　]
　　　이　　　카

② 다음에 알맞은 히라가나를 넣는다면?

- 요즘 미세먼지 때문에 (쿠우키) ＿＿＿＿＿＿＿＿＿＿ 가 안 좋아.

- 난 사람 이름을 잘 (키오쿠) ＿＿＿＿＿＿＿＿＿ 해.

- 엄마! 나 대학에 (고우카쿠) ＿＿＿＿＿＿＿＿＿＿＿ 했어요!

- (에이고) ＿＿＿＿＿＿＿＿＿ 가 너무 어려워.

- 오늘 (에이가) ＿＿＿＿＿＿＿＿＿ 보러 갈래?

- 오늘 감기 때문에 몸 (구아이) ＿＿＿＿＿＿＿＿＿＿ 가 안 좋아서 쉴래.

- 좀 조용히 해! 네 (코에) ＿＿＿＿＿＿＿ 가 너무 (오오키이) ＿＿＿＿＿＿＿＿＿＿＿＿ 해!

③ 단어 발음과 의미가 맞게 선을 이어 주세요.

(1) あいこ ・　　　・ 카게 ・　　　　・ 공항

(2) えがお ・　　　・ 코우케이 ・　　　・ 비김

(3) こうけい ・　　　・ 카코 ・　　　　・ 국화

(4) かお ・　　　・ 쿠우코우 ・　　　・ 그림자

(5) かげ ・　　　・ 키쿠 ・　　　　・ 얼굴

(6) きく ・　　　・ 아이코 ・　　　　・ 광경

(7) かこ ・　　　・ 에가오 ・　　　　・ 과거

(8) くうこう ・　　　・ 카오 ・　　　　・ 미소

사 행까지 이미지 연상 쓰기 연습

쓰는 순서

사 (sa)	さ		
시 (shi)	し		
스 (su)	す		
세 (se)	せ		
소 (so)	そ		

① [우사기] 토끼

うさぎ

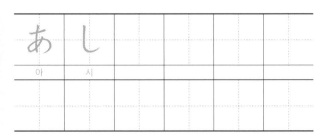

② [아시] 발, 다리

あし

③ [스우가쿠] 수학

すうがく

す	う	が	く		
스	우	가	쿠		

④ [세키] 자리

せき

せ	き				
세	키				

⑤ [우소] 거짓말

うそ

う	そ				
우	소				

⑥ [사이고] 마지막, 끝, 최후

さいご

さ	い	ご			
사	이	고			

⑦ [케시키] 경치

けしき

け	し	き			
케	시	키			

⑧ [스이에이] 수영

すいえい

す	い	え	い		
스	이	에	이		

⑨ [가쿠세이] 학생

がくせい

※ 쿠를 매우 약하게 발음합니다.

が	く	せ	い		
가	쿠	세	이		

⑩ [키소] 기초

きそ

き	そ				
키	소				

⑪ [케사] 오늘 아침

けさ

け	さ				
케	사				

⑫ [오이시이] 맛있다, 맛있는

おいしい

お	い	し	い		
오	이	시	이		

13 [스코시] 조금

すこし

す	こ	し			
스	코	시			

14 [세이카쿠] 성격

せいかく

せ	い	か	く		
세	이	카	쿠		

15 [오소이] 느리다, 느린

おそい

お	そ	い			
오	소	이			

16 [오오사카] 오사카

おおさか

お	お	さ	か		
오	오	사	카		

17 [스구] 금방, 바로

すぐ

す	ぐ				
스	구				

사 행 탁음(濁音)까지 쓰기 연습

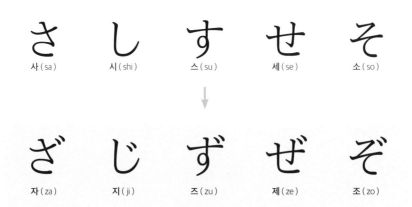

さ 사(sa) し 시(shi) す 스(su) せ 세(se) そ 소(so)

↓

ざ 자(za) じ 지(ji) ず 즈(zu) ぜ 제(ze) ぞ 조(zo)

탁점 「ﾞ」이 붙어서 ㅅ(s/sh) 발음이 ㅈ(z/j)발음으로 바뀌게 됩니다.

글자 앞에 묵음으로 「으」가 들어간다 생각하여 발음하면 조금 더 매끄럽습니다.

① [자세키] 좌석

ざせき

ざ	せ	き			
자	세	키			

② [소우지키] 청소기

そうじき

そ	う	じ	き		
소	우	자	키		

③ [키즈] 상처, 흠집

きず

き	ず				
키	즈				

④ [카제] 바람

かぜ

か	ぜ				
카	제				

※동음이의어로 '감기'라는 뜻도 있습니다.

⑤ [카조쿠] 가족

かぞく

か	ぞ	く			
카	조	쿠			

⑥ [아지] 맛

あじ

あ	じ				
아	지				

⑦ [스즈시이] 시원하다, 시원한

すずしい

す	ず	し	い		
스	즈	시	이		

연습문제

① 빈칸에 들어갈 글자를 적어 주세요.

(1) 바로 [　　　　　]
　　　　　　ㅅ　　ㄱ

(2) 오늘 아침 [　　　　　]
　　　　　　　　케　　사

(3) 느리다 [　　　　　]
　　　　　오　　소　　이

(4) 경치 [　　　　　　]
　　　　　케　　시　　키

(5) 오사카 [　　　　　　]
　　　　　오　　오　　사　　카

(6) 좌석 [　　　　　　]
　　　　　자　　세　　키

(7) 맛있다 [　　　　　　]
　　　　　오　　이　　시　　이

(8) 조금 [　　　　　]
　　　　　스　　코　　시

② 다음에 알맞은 히라가나를 넣는다면?

- 엄마! 달에 (우사기) _____ 가 살고 있다는데 정말이야?

- 이공계를 지망했는데 (스우가쿠) _____ 를 못해서 큰일이야.

- 잘생긴 것보다 (세이카쿠) _____ 가 좋아야 해.

- 난 맥주병이라서 (스이에이) _____ 를 못해.

- 뭐든 잘하려면 (키소) _____ 가 탄탄해야 해!

- 오늘 많이 걸었더니 (아시) _____ 가 너무 아파.

- 교복을 입은 (가쿠세이) _____ 가 열심히 뛰어가고 있습니다.

- 너 이쪽 (세키) _____ 에 앉을래?

3 단어 발음과 의미가 맞게 선을 이어 주세요.

(1) うそ •	• 키즈 •	• 상처, 흠집
(2) かぜ •	• 소우지키 •	• 맛
(3) あじ •	• 카제 •	• 청소기
(4) かぞく •	• 우소 •	• 거짓말
(5) きず •	• 스즈시이 •	• 마지막
(6) すずしい •	• 아지 •	• 바람
(7) そうじき •	• 사이고 •	• 시원하다
(8) さいご •	• 카조쿠 •	• 가족

정답

1 (1) すぐ (2) けさ (3) おそい (4) けしき
(5) おおさか (6) ざせき (7) おいしい
(8) すこし

2 (차례대로) うさぎ, すうがく, せいかく, すいえ
い, きそ, あし, がくせい, せき

3 (1) うそ – 우소 – 거짓말
(2) かぜ – 카제 – 바람

(3) あじ – 아지 – 맛
(4) かぞく – 카조쿠 – 가족
(5) きず – 키즈 – 상처
(6) すずしい – 스즈시이 – 시원하다
(7) そうじき – 소우지키 – 청소기
(8) さいご – 사이고 – 마지막

쓰는 순서

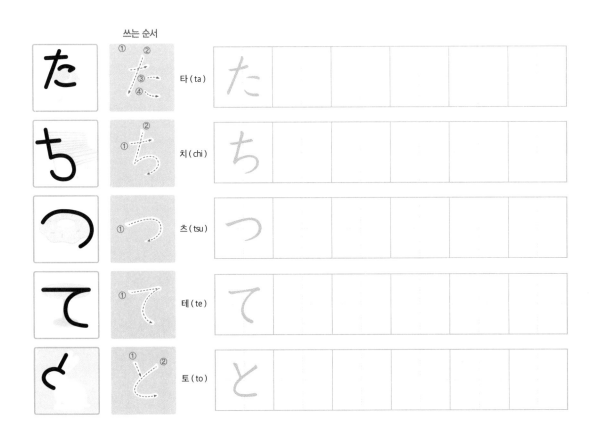

		타 (ta)	た				
		치 (chi)	ち				
		츠 (tsu)	つ				
		테 (te)	て				
		토 (to)	と				

① [스가타] 모습

すがた

す	が	た			
스	가	타			

② [쿠치] 입

くち

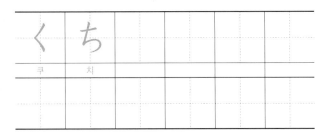

く	ち				
쿠	치				

30

③ **[타이세츠] 소중함, 중요함**

たいせつ

た	い	せ	つ		
타	이	세	츠		

④ **[아이테] 상대방**

あいて

あ	い	て			
아	이	테			

⑤ **[오토우토] 남동생**

おとうと

お	と	う	と		
오	토	우	토		

⑥ **[타코] 문어**

たこ

た	こ				
타	코				

⑦ **[치카이] 가깝다, 가까운**

ちかい

ち	か	い			
치	카	이			

⑧ [츠이타치] (00월) 01일

ついたち

つ	い	た	ち		
츠	이	타	치		

⑨ [치카테츠] 지하철

ちかてつ

ち	か	て	つ		
치	카	테	츠		

⑩ [사토우] 설탕

さとう

さ	と	う			
사	토	우			

⑪ [치즈] 지도

ちず

ち	ず				
치	즈				

⑫ [츠키] 달

つき

つ	き				
츠	키				

13 [츠쿠에] 책상

つくえ

つ	く	え			
츠	쿠	에			

14 [스테키] 멋짐

すてき

す	て	き			
스	테	키			

15 [테이시] 정지

ていし

て	い	し			
테	이	시			

16 [소토] 밖

そと

そ	と				
소	토				

17 [토케이] 시계

とけい

と	け	い			
토	케	이			

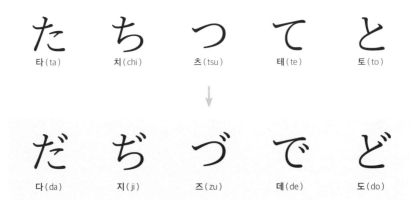

た　ち　つ　て　と
타(ta)　치(chi)　츠(tsu)　테(te)　토(to)

↓

だ　ぢ　づ　で　ど
다(da)　지(ji)　즈(zu)　데(de)　도(do)

탁점 「 ゛」이 붙어서 ㅌ/ㅊ(t/ch/tsu) 발음이 ㅈ/ㄷ(d/j/z)발음으로 바뀌게 됩니다.

> ✔ 여기서 주의해야 할 점!
>
> ぢ와 じ　│　づ와 ず 의 읽는 방법은 동일!
> 지　지　　　　　즈　즈

단어를 표기할 때 차이가 있으니 주의해 주세요.

---

① [다이스키] 매우 좋아함

だいすき

だ	い	す	き
다	이	스	키

※ '클 대'라는 한자인 大(だい/다이)에 '좋아하다'는 의미인 好き(すき/스키)를 붙여 '매우 좋아한다'는 의미를 갖습니다.

② [치카지카] 근 시일 내에, 머지않아

ちかぢか

ち	か	ぢ	か
치	카	지	카

③ [카타즈케] 정리, 치움

かたづけ

か	た	づ	け		
카	타	즈	케		

④ [데아이] 만남

であい

で	あ	い			
데	아	이			

⑤ [도우조] 이쪽입니다, 여기 있습니다

どうぞ

ど	う	ぞ			
도	우	조			

※ 상대방에게 무엇을 권하거나 제시할 때 사용하는 완곡하고 공손한 표현입니다.

⑥ [아이다] 사이(간격의 의미)

あいだ

あ	い	だ			
아	이	다			

⑦ [토키도키] 때때로

ときどき

と	き	ど	き		
토	키	도	키		

연습문제

1 빈칸에 들어갈 글자를 적어 주세요.

(1) 지도

치	즈

(2) (0월)1일

츠	이	타	치

(3) 멋짐

스	테	키

(4) 남동생

오	토	우	토

(5) 매우 좋아함

다	이	스	키

(6) 시계

토	케	이

(7) 소중/중요함

타	이	세	츠

(8) 상대방

아	이	테

2 다음에 알맞은 히라가나를 넣는다면?

- (치카테츠) _____ 2호선 타고 홍대에서 내려.

- 창 (소토) _____ 를 봐! 눈이 내려!

- 말해봐야 내 (쿠치) _____ 만 아프니 그만두자.

- (츠키) (츠키) 무슨 (츠키) 쟁반같이 둥근 (츠키) _____ ~♪

- (사토우) _____ 대신 소금을 넣어버렸어!

- 집이랑 학교가 (치카이) _____ 해서 너무 좋아.

- (어머니) 야 이것아! 방 (카타즈케) _____ 좀 해라!

- (테이시) _____ 신호를 무시하고 출발해서 사고가 났어.

3 단어 발음과 의미가 맞게 선을 이어 주세요.

(1) すがた ・ ・ 타코 ・ ・ 만남

(2) であい ・ ・ 아이다 ・ ・ 모습

(3) つくえ ・ ・ 도우조 ・ ・ 이쪽입니다, 여기 있습니다

(4) ときどき ・ ・ 치카지카 ・ ・ 책상

(5) たこ ・ ・ 스가타 ・ ・ 문어

(6) どうぞ ・ ・ 데아이 ・ ・ 근 시일 내에, 머지않아

(7) ちかぢか ・ ・ 토키도키 ・ ・ 때때로

(8) あいだ ・ ・ 츠쿠에 ・ ・ 사이(간격의 의미)

정답

1 (1) ちず (2) ついたち (3) すてき (4) おとうと
(5) だいすき (6) とけい (7) たいせつ
(8) あいて

2 (차례대로) ちかてつ, そと, くち, つき, さとう, ち
かい, かたづけ, ていし

3 (1) すがた – 스가타 – 모습
(2) であい – 데아이 – 만남

(3) つくえ – 츠쿠에 – 책상

(4) ときどき – 토키도키 – 때때로

(5) たこ – 타코 – 문어

(6) どうぞ – 도우조 – 이쪽입니다, 여기 있습니다

(7) ちかぢか – 치카지카 – 근 시일 내에, 머지않아

(8) あいだ – 아이다 – 사이(간격의 의미)

쓰는 순서

		나 (na)	な					
		니 (ni)	に					
		누 (nu)	ぬ					
		네 (ne)	ね					
		노 (no)	の					

① [아다나] 별명

あだな

| あ | だ | な | | | |
| 아 | 다 | 나 | | | |

② [니시구치] 서쪽 출입구

にしぐち

| に | し | ぐ | ち | | |
| 니 | 시 | 구 | 치 | | |

③ [이누] 개

いぬ

い	ぬ				
이	누				

④ [오카네] 돈

おかね

お	か	ね			
오	카	네			

⑤ [코노] 이 (무엇)

この

こ	の				
코	노				

⑥ [나데나데] 쓰담쓰담

なでなで

な	で	な	で		
나	데	나	데		

※ '쓰다듬다'를 나타내는 撫でる(なでる/나데루)를 두 번 써서 '때때로'라는 의미를 갖습니다.

⑦ [이치니치] 하루

いちにち

い	ち	に	ち		
이	치	니	치		

⑧ **[코이누] 강아지**

こいぬ

こ	い	ぬ				
코	이	누				

※ '아이'라는 의미인 子(こ/코)에 '개'라는 의미인 犬(いぬ/이누)가 더해진 단어입니다.

⑨ **[오네가이] 부탁, 부탁해**

おねがい

お	ね	が	い			
오	네	가	이			

⑩ **[소노] 그 (무엇)**

その

そ	の					
소	노					

⑪ **[나츠] 여름**

なつ

な	つ					
나	츠					

⑫ **[코제니] 잔돈**

こぜに

こ	ぜ	に				
코	제	니				

⑬ [테누구이] 수건

てぬぐい

て	ぬ	ぐ	い
테	누	구	이

⑭ [네코] 고양이

ねこ

ね	こ		
네	코		

⑮ [아노] 저 (무엇)

あの

あ	の		
아	노		

⑯ [사카나] 물고기

さかな

さ	か	な	
사	카	나	

⑰ [니쿠] 고기

にく

に	く		
니	쿠		

⑱ [누케게] 탈모

ぬけげ

ぬ	け	げ			
누	케	게			

※ '빠지다'는 의미인 抜ける(ぬける/누케루)에 '털'이라는 의미인 毛(け/케)가 더해진 단어입니다.

⑲ [네기] (식물)파

ねぎ

ね	ぎ				
네	기				

⑳ [도노] 어느 (무엇)

どの

ど	の				
도	노				

㉑ [스쿠나이] 적다, 적은

すくない

す	く	な	い		
스	쿠	나	이		

㉒ [니지] 무지개

にじ

に	じ				
니	지				

㉓ **[테누이] 손바느질**

てぬい

て	ぬ	い			
테	누	이			

※ '손'이라는 의미인 手(て/테)에 '바느질'이라는 의미인 縫い(ぬい/누이)가 더해진 단어입니다.

㉔ **[타네] 씨, 씨앗**

たね

た	ね				

㉕ **[에노구] 물감**

えのぐ

え	の	ぐ			
애	노	구			

㉖ **[지누시] 땅 주인**

じぬし

じ	ぬ	し			
지	누	시			

※ '땅'이라는 의미인 地(ち, じ/치, 지)에 '주인'이라는 의미인 主(ぬし/누시)가 더해진 단어입니다.

㉗ **[즈노우] 두뇌**

ずのう

ず	の	う			
즈	노	우			

연습문제

① 빈칸에 들어갈 글자를 적어 주세요.

(1) 고양이 [   ]
　　　　　 네　　코

(2) 땅 주인 [   ]
　　　　　　 지　 누　 시

(3) 돈 [   ]
　　　 오　 카　 네

(4) 적다, 적은 [   ]
　　　　　　　 스　 쿠　 나　 이

(5) 두뇌 [   ]
　　　　 즈　 노　 우

(6) 서쪽 출입구 [   ]
　　　　　　　　 니　 시　 구　 치

(7) 별명 [   ]
　　　　 아　 다　 나

(8) 쓰담쓰담 [   ]
　　　　　　 나　 데　 나　 데

(9) 강아지 [   ]
　　　　　 코　 이　 누

(10) 손수건 [   ]
　　　　　 테　 누　 구　 이

② 다음에 알맞은 히라가나를 넣는다면?

• 한국에서 가장 인기 있는 반려동물은 (이누) _____ 라고 합니다.

• 건강을 위해서 (니쿠) _____ 보다는 (사카나) _____ 를 먹고 있어.

• 올해 (나츠) _____ 는 작년보다 더 더울 거 같아.

• 딱 오늘 (이치니치) _____ 만 쉬고 싶다.

• 난 (코제니) _____ 들고 다니기 귀찮아서 카드로 계산해.

• (에노구) _____ 로 일곱 빛깔 (니지) _____ 를 그려봤어요.

3 단어 발음과 의미가 맞게 선을 이어 주세요.

(1) この　　·　　　　·　아노　　·　　　　·　파

(2) その　　·　　　　·　테누이　·　　　·　탈모

(3) あの　　·　　　　·　코노　　·　　　　·　어느(무엇)

(4) どの　　·　　　　·　네기　　·　　　　·　바느질

(5) てぬい　·　　　　·　누케게　·　　　·　그(무엇)

(6) ねぎ　　·　　　　·　오네가이　·　　·　씨, 씨앗

(7) たね　　·　　　　·　타네　　·　　　　·　이(무엇)

(8) ぬけげ　·　　　　·　소노　　·　　　　·　부탁, 부탁해

(9) おねがい·　　　　·　도노　　·　　　　·　저(무엇)

---

❶ (1) ねこ　(2) じぬし　(3) おかね　(4) すくない
(5) ずのう　(6) にしぐち　(7) あだな
(8) なでなで　(9) こいぬ　(10) てぬぐい

❷ (차례대로) いぬ, にく, さかな, なつ, いちにち,
こぜに, えのぐ, にじ

❸ (1) この – 코노 – 이(무엇)
(2) その – 소노 – 그(무엇)

(3) あの – 아노 – 저(무엇)

(4) どの – 도노 – 어느(무엇)

(5) てぬい – 테누이 – 바느질

(6) ねぎ – 네기 – 파

(7) たね – 타네 – 씨, 씨앗

(8) ぬけげ – 누케게 – 탈모

(9) おねがい – 오네가이 – 부탁, 부탁해

하 행까지 이미지 연상 쓰기 연습

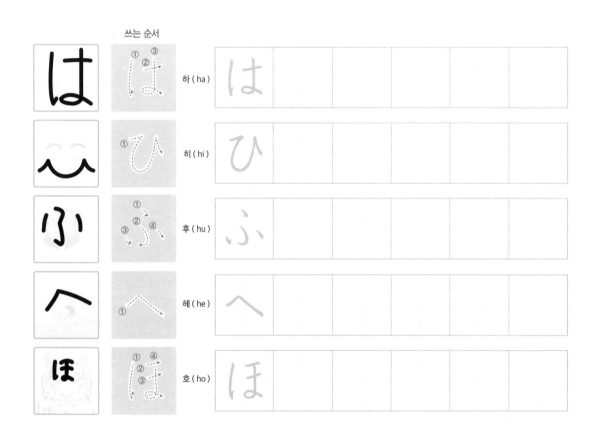

쓰는 순서

하 (ha)	は				
히 (hi)	ひ				
후 (hu)	ふ				
헤 (he)	へ				
호 (ho)	ほ				

① **[하나시] 이야기**

はなし

は	な	し			
하	나	시			

② **[히코우키] 비행기**

ひこうき

ひ	こ	う	き		
히	코	우	키		

③ [타이후우] 태풍

たいふう

た	い	ふ	う		
타	이	후	우		

④ [헤소] 배꼽

へそ

へ	そ				
헤	소				

⑤ [호노오] 불꽃

ほのお

ほ	の	お			
호	노	오			

⑥ [하네] 날개

はね

は	ね				
하	네				

⑦ [히게] 수염

ひげ

ひ	げ				
히	게				

⑧ [사이후] 지갑

さいふ

さ	い	ふ			
사	이	후			

⑨ [헤토헤토] 기진맥진, 터덜터덜

へとへと

へ	と	へ	と		
헤	토	헤	토		

⑩ [호우세키] 보석

ほうせき

ほ	う	せ	き		
호	우	세	키		

⑪ [스하다] (화장하지 않은) 맨살

すはだ

す	は	だ			
스	하	다			

⑫ [히키누키] 뽑아냄, 스카우팅

ひきぬき

ひ	き	ぬ	き		
히	키	누	키		

⑬　[후데] 붓

ふで

ふ	で			
후	데			

⑭　[헤이키] 아무렇지 않음, 괜찮음

へいき

へ	い	き		
헤	이	키		

⑮　[호오즈에] 턱받침

ほおづえ

ほ	お	づ	え	
호	오	즈	에	

※ '볼'이라는 의미인 頬(ほお/호오)에 '지팡이'라는 의미인 杖(つえ/츠에)가 더해진 단어입니다.

⑯　[아호] 바보

あほ

あ	ほ			
아	호			

⑰　[호우타이] 붕대

ほうたい

ほ	う	た	い	
호	우	타	이	

하 행 탁음(濁音)까지 쓰기 연습

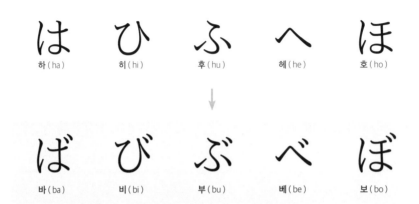

は	ひ	ふ	へ	ほ
하(ha)	히(hi)	후(hu)	헤(he)	호(ho)

↓

ば	び	ぶ	べ	ぼ
바(ba)	비(bi)	부(bu)	베(be)	보(bo)

탁점「 ゛」이 붙어서 ㅎ(h) 발음이 ㅂ(b)발음으로 바뀌게 됩니다.

① **[바아이] 경우**

ばあい

ば	あ	い		
바	아	이		

② **[하나비] (불꽃놀이의) 꽃불, 폭죽**

はなび

は	な	び		
하	나	비		

③ [부타니쿠] 돼지고기

ぶたにく

ぶ	た	に	く		
부	타	니	쿠		

※ '돼지'라는 의미인 豚(ぶた/부타)에 '고기'라는 의미인 肉(にく/니쿠)가 더해진 단어입니다.

④ [토쿠베츠] 특별

とくべつ

と	く	べ	つ		
토	쿠	베	츠		

⑤ [네보우] 늦잠

ねぼう

ね	ぼ	う			
네	보	우			

⑥ [바카] 바보

ばか

ば	か				
바	카				

※ '바보'라고 말을 할 때, 주로 도쿄 쪽에서는 ばか(바카)를 사용하고 오사카 쪽에서는 あほ(아호)를 사용하였습니다만, 현재는 양쪽 모두 쓰고 있습니다.

⑦ [아소비] 놀이

あそび

あ	そ	び			
아	소	비			

하 행 반탁음(半濁音)까지 쓰기 연습

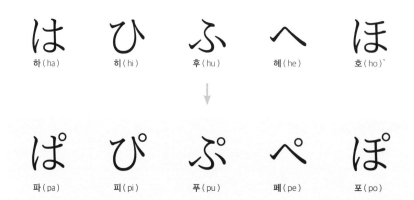

は ひ ふ へ ほ
하(ha)　히(hi)　후(hu)　헤(he)　호(ho)⁀

↓

ぱ ぴ ぷ ぺ ぽ
파(pa)　피(pi)　푸(pu)　페(pe)　포(po)

は행에만 있는 반탁음은 반탁점인「°」이 붙어서 ㅎ(h) 발음이 ㅍ(p)발음으로 바뀌게 됩니다.

무언가를 세게 발음하거나 의성어/의태어에 자주 사용되는 경향이 있습니다.

---

① **[파사파사] 퍼석퍼석**

ぱさぱさ

ぱ	さ	ぱ	さ		
파	사	파	사		

---

② **[피카피카] 번쩍번쩍**

ぴかぴか

ぴ	か	ぴ	か		
피	카	피	카		

③ **[푸치푸치] 뽁뽁이**

ぷちぷち

※ 조그마한 것을 터뜨릴 때 나는 의성어에서 비롯한 단어입니다.

④ **[페코페코] 꼬르륵꼬르륵**

ぺこぺこ

⑤ **[포카포카] 따끈따끈**

ぽかぽか

⑥ **[파쿠파쿠] 뻐끔뻐끔, (음식을)덥석덥석**

ぱくぱく

⑦ **[포토포토] (물방울이) 뚝뚝**

ぽとぽと

연습문제

① 빈칸에 들어갈 글자를 적어 주세요.

(1) 맨살
스	하	다

(2) 배꼽
헤	소

(3) 기진맥진
헤	토	헤	토

(4) 날개
하	네

(5) 턱받침
호	오	즈	에

(6) 꽃불
하	나	비

(7) 붕대
호	우	타	이

(8) 지갑
사	이	후

(9) 보석
호	우	세	키

(10) 불꽃
호	노	오

② 다음에 알맞은 히라가나를 넣는다면?

- (타이후우) _____ 5호에 의해 국제선 (히코우키) _____ 가 결항되었습니다.

- 어릴 적부터 난 무서운 (하나시) _____ 를 들어도 (헤이키) _____ 했어.

- 아침에 (네보우) _____ 해서 (히게) _____ 도 못 깎고 나왔어.

- 이 빵은 너무 (파사파사) _____ 해서 우유 없이는 못 먹어.

- 금붕어가 입을 (파쿠파쿠) _____ 거린다.

- (후데) _____ 끝에서 먹물이 (포토포토) _____ 떨어지고 있어!

- (푸치푸치) _____ 를 터뜨리는 (아소비) _____ 가 유행하고 있습니다.

③ 단어 발음과 의미가 맞게 선을 이어 주세요.

(1) ぽかぽか ·

(2) ぶたにく ·

(3) ぴかぴか ·

(4) ばか(あほ) ·

(5) ばあい ·

(6) とくべつ ·

(7) ぺこぺこ ·

(8) ひきぬき ·

· 바아이 ·

· 포카포카 ·

· 토쿠베츠 ·

· 페코페코 ·

바카 ·

· 피카피카 ·

· 부타니쿠 ·

· 히키누키 ·

· 돼지고기

· 꼬르륵꼬르륵

· 바보

· 경우

· 따끈따끈

· 스카우팅

· 특별

· 번쩍번쩍

쓰는 순서

마 (ma)

미 (mi)

무 (mu)

메 (me)

모 (mo)

① [쿠마] 곰

くま

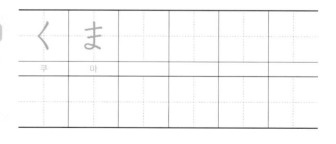

く	ま			
쿠	마			

② [스미] 숯

すみ

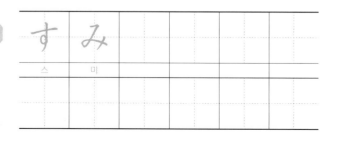

す	み			
스	미			

③ **[네무이] 졸리다, 졸린**

ねむい

ね	む	い		
네	무	이		

④ **[아메] 비**

あめ

あ	め			
아	메			

⑤ **[키모치] 기분**

きもち

き	も	ち		
키	모	치		

⑥ **[나마에] 이름**

なまえ

な	ま	え		
나	마	애		

⑦ **[카미노케] 머리카락**

かみのけ

か	み	の	け	
카	미	노	케	

⑧ [무시] 무시(하다)

むし

む	し			
무	시			

⑨ [우메보시] 매실장아찌

うめぼし

う	め	ぼ	し	
우	메	보	시	

⑩ [오모사] 무게

おもさ

お	も	さ		
오	모	사		

⑪ [하나미] 꽃구경

はなみ

は	な	み		
하	나	미		

※ '꽃'이라는 의미인 花(はな/하나)에 '보다'라는 의미인 見る(みる/미루)가 더해진 단어입니다.

⑫ [세츠메이] 설명

せつめい

せ	つ	め	い	
세	츠	메	이	

⑬ [타베모노] 먹을 것, 음식

たべもの

た	べ	も	の		
타	베	모	노		

※ '먹다'라는 의미인 食べる(たべる/타베루)에 '물건, 것'이라는 의미인 物(もの/모노)가 더해진 단어입니다.

⑭ [마즈이] 맛없다, 맛없는

まずい

ま	ず	い			
마	즈	이			

⑮ [미세] 가게

みせ

み	せ				
미	세				

⑯ [무스코] 아들

むすこ

む	す	こ			
무	스	코			

⑰ [무스메] 딸

むすめ

む	す	め			
무	스	메			

⑱ [토모다치] 친구
ともだち

と	も	だ	ち		
토	모	다	치		

⑲ [토테모] 매우
とても

と	て	も			
토	테	모			

⑳ [누마] 늪
ぬま

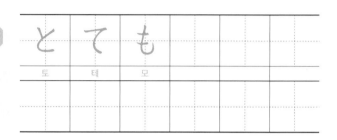

ぬ	ま				
누	마				

㉑ [미소] 된장
みそ

み	そ				
마	소				

㉒ [니모츠] 짐
にもつ

に	も	つ			
니	모	츠			

㉓ [무코우] 맞은편, 건너편

むこう

む	こ	う	
무	코	우	

㉔ [하지메테] 처음, 처음으로

はじめて

は	じ	め	て	
하	지	메	테	

㉕ [모우후] 모포

もうふ

も	う	ふ	
모	우	후	

㉖ [마이아사] 매일 아침

まいあさ

ま	い	あ	さ	
마	이	아	사	

※ '(횟수)매 ~'라는 의미인 毎(まい/마이)에 '아침'이라는 의미인 朝(あさ/아사)가 더해진 단어입니다.

㉗ [히마] 한가함

ひま

ひ	ま	
히	마	

연습문제

1 빈칸에 들어갈 글자를 적어 주세요.

(1) 무시 [　　　　　]
　　　　무　　시

(2) 꽃구경 [　　　　　]
　　　　　하　나　미

(3) 곰 [　　　　　]
　　　쿠　　마

(4) 설명 [　　　　　]
　　　　세　츠　메　이

(5) 기분 [　　　　　]
　　　키　모　치

(6) 매실장아찌 [　　　　　]
　　　　　　우　메　보　시

(7) 아들 [　　　　　]
　　　무　스　코

(8) 음식, 먹을 것 [　　　　　]
　　　　　　타　베　모　노

2 다음에 알맞은 히라가나를 넣는다면?

- 아침잠이 많아 (마이아사) ＿＿＿＿＿＿ (네무이) ＿＿＿＿＿ 해서 죽겠어.

- 장마라서 하루 종일 (아메) ＿＿＿ 만 내려.

- 안녕하세요. 제 (나마에) ＿＿＿＿ 는 ○○○라고 합니다.

- 고기를 (스미) ＿＿＿ 불에 안 구워 먹었더니 (마즈이) ＿＿＿＿ 하네.

- 여행 가는 데 무슨 (니모츠) ＿＿＿＿＿ 가 그리 많아!

- 어젠 바빴는데 오늘은 (히마) ＿＿＿ 하네.

- (오모사) ＿＿＿＿＿ 단위로는 mg, g, kg, ton 등이 있습니다.

3 단어 발음과 의미가 맞게 선을 이어 주세요.

(1) ともだち ・　　　　・ 토테모 ・　　　　・ 늪

(2) むこう ・　　　　・ 미소 ・　　　　・ 가게

(3) ぬま ・　　　　・ 토모다치 ・　　　　・ 모포

(4) とても ・　　　　・ 무스메 ・　　　　・ 매우

(5) みせ ・　　　　・ 하지메테 ・　　　　・ 맞은편, 건너편

(6) むすめ ・　　　　・ 모우후 ・　　　　・ 된장

(7) もうふ ・　　　　・ 미세 ・　　　　・ 딸

(8) はじめて ・　　　　・ 누마 ・　　　　・ 친구

(9) かみのけ ・　　　　・ 카미노케 ・　　　　・ 처음, 처음으로

(10) みそ ・　　　　・ 무코우 ・　　　　・ 머리카락

정답

1 (1) むし (2) はなみ (3) くま (4) せつめい
(5) きもち (6) うめぼし (7) むすこ
(8) たべもの

2 (차례대로) まいあさ, ねむい, あめ, なまえ, すみ
まずい, にもつ, ひま, おもさ

3 (1) ともだち – 토모다치 – 친구
(2) むこう – 무코우 – 맞은편, 건너편
(3) ぬま – 누마 – 늪

(4) とても – 토테모 – 매우
(5) みせ – 미세 – 가게
(6) むすめ – 무스메 – 딸
(7) もうふ – 모우후 – 모포
(8) はじめて – 하지메테 – 처음, 처음으로
(9) かみのけ – 카미노케 – 머리카락
(10) みそ – 미소 – 된장

쓰는 순서

や 야(ya) | や

ゆ 유(yu) | ゆ

よ 요(yo) | よ

① [오미야게] 선물

おみやげ

お	み	や	げ		
오	미	야	게		

② [유카타] 유카타(목욕 후 입는 옷)

ゆかた

ゆ	か	た			
유	카	타			

③ [히츠요우] 필요

ひつよう

ひ	つ	よ	う		
히	츠	요	우		

④ [헤야] 방

へや

へ	や				
헤	야				

⑤ [유부네] 욕조

ゆぶね

ゆ	ぶ	ね			
유	부	네			

⑥ [요코하마] 요코하마

よこはま

よ	こ	は	ま		
요	코	하	마		

⑦ [야스미] 휴일

やすみ

や	す	み			
야	스	미			

⑧ [유메] 꿈

ゆめ

ゆ	め				
유	메				

⑨ [요아케] 새벽(날이 밝아올 무렵)

よあけ

よ	あ	け			
요	아	케			

⑩ [야마미치] 산길

やまみち

や	ま	み	ち		
야	마	미	치		

※ '산'이라는 의미인 山(やま/야마)에 '길'이라는 의미인 道(みち/미치)가 더해진 단어입니다.

⑪ [유우가타] 해질녘

ゆうがた

ゆ	う	が	た		
유	우	가	타		

⑫ [요나카] 한밤중

よなか

よ	な	か			
요	나	카			

⑬ [야사이] 야채		

やさい

や	さ	い			
야	사	이			

⑭ [유우메이] 유명(함)		

ゆうめい

ゆ	う	め	い		
유	우	메	이		

⑮ [에이요우] 영양		

えいよう

え	い	よ	う		
에	이	요	우		

⑯ [니기야카] 번화(함)		

にぎやか

に	ぎ	や	か		
니	기	야	카		

⑰ [유키] (내리는)눈		

ゆき

ゆ	き				
유	키				

⑱ [요호우] 예보

よほう

よ	ほ	う		
요	호	우		

⑲ [야키모노] 도자기(류), 구이 요리

やきもの

や	き	も	の	
야	키	모	노	

※ '굽다'라는 의미인 焼く(やく/야쿠)에 '물건, 것'이라는 의미인 もの(모노)가 더해진 단어입니다.

⑳ [야누시] 집주인

やぬし

や	ぬ	し		
야	누	시		

※ '집'이라는 의미인 家(や/야)에 '주인'이라는 의미인 主(ぬし/누시)가 더해진 단어입니다.

㉑ [토우요우] 동양

とうよう

と	う	よ	う	
토	우	요	우	

㉒ [요야쿠] 예약

よやく

よ	や	く		
요	야	쿠		

㉓ [세이유우] 성우

せいゆう

せ い ゆ う
세 이 유 우

㉔ [요소우] 예상

よそう

よ そ う
요 소 우

㉕ [무네야케] 속쓰림

むねやけ

む ね や け
무 네 야 케

※ '가슴'이라는 의미인 胸(むね/무네)에 '(물건이) 타다'라는 의미인 焼ける(やける/야케루)가 더해진 단어입니다.

㉖ [유우히] 석양, 저녁노을

ゆうひ

ゆ う ひ
유 우 히

㉗ [요테이] 예정

よてい

よ て い
요 테 이

연습문제

1 빈칸에 들어갈 글자를 적어 주세요.

(1) 한밤중

요　나　카

(2) 방

헤　야

(3) 야채

야　사　이

(4) 선물

오　미　야　게

(5) 유카타

유　카　타

(6) 영양

에　이　요　우

(7) 휴일

야　스　미

(8) 해 질 녁

유　우　가　타

2 다음에 알맞은 히라가나를 넣는다면?

- 홍대는 언제 가도 항상 (니기야카) ＿＿＿＿＿＿＿＿＿ 하네.

- 해외여행을 갈 때는 여권이 (히츠요우) ＿＿＿＿＿＿＿＿ 합니다.

- 미리 호텔 (요야쿠) ＿＿＿＿＿ 는 했어?

- 오늘 일기(요호우) ＿＿＿＿＿ 에서 올겨울 첫 (유키) ＿＿＿＿ 가 내린대!

- 내 (요소우) ＿＿＿＿＿ 가 맞다면 둘이 사귀는 게 분명해!

- 오늘은 (유메) ＿＿＿＿ 꾸지 않고 푹 잤어.

- 항구도시인 (요코하마) ＿＿＿＿＿＿＿ 는 차이나타운이 있는 것으로 (유우메이) ＿＿ ＿＿＿＿ 합니다.

3 단어 발음과 의미가 맞게 선을 이어 주세요.

(1) せいゆう ・	・ 유우히 ・	・ 동양
(2) よあけ ・	・ 세이유우 ・	・ 산길
(3) やまみち ・	・ 무네야케 ・	・ 집주인
(4) ゆぶね ・	・ 야마미치 ・	・ 도자기, 구이
(5) とうよう ・	・ 토우요우 ・	・ 욕조
(6) やきもの ・	・ 야누시 ・	・ 새벽
(7) ゆうひ ・	・ 야키모노 ・	・ 성우
(8) よてい ・	・ 유부네 ・	・ 예정
(9) やぬし ・	・ 요아케 ・	・ 석양, 저녁노을
(10) むねやけ ・	・ 요테이 ・	・ 속쓰림

정답

1 (1) よなか (2) へや (3) やさい (4) おみやげ
(5) ゆかた (6) えいよう (7) やすみ
(8) ゆうがた

2 (차례대로) にぎやか. ひつよう. よやく. よほう.
ゆき. よそう. ゆめ. よこはま. ゆうめい

3 (1) せいゆう – 세이유우 – 성우
(2) よあけ – 요아케 – 새벽
(3) やまみち – 야마미치 – 산길

(4) ゆぶね – 유부네 – 욕조
(5) とうよう – 토우요우 – 동양
(6) やきもの – 야키모노 – 도자기, 구이
(7) ゆうひ – 유우히 – 석양, 저녁노을
(8) よてい – 요테이 – 예정
(9) やぬし – 야누시 – 집주인
(10) むねやけ – 무네야케 – 속쓰림

09 야 행 요음(拗音)까지 쓰기 연습

やゆよ에는 한 가지 역할이 있습니다. 그것을 **요음**이라고 하는데 い단(모음이 [ㅣ] 인 글자 모음)에
　야 유 요　　　　　　　　　　　　　　　　　　　　　　　　　　　　　　　이
작은 글자로 붙어 [ㅑ, ㅠ, ㅛ] 발음을 할 수 있게 해줍니다. 글을 쓰는 방법은 い단 옆에 작은 글씨
　　　　　　　　　　　　　　　　　　　　　　　　　　　　　　　　　　이
로 やゆよ를 적어주면 됩니다.
　 야 유 요

	や ㅑ	ゆ ㅠ	よ ㅛ
き|ぎ 키　기	きゃ|ぎゃ 캬　갸	きゅ|ぎゅ 큐　규	きょ|ぎょ 쿄　교
し|じ 시　지	しゃ|じゃ 샤　쟈	しゅ|じゅ 슈　쥬	しょ|じょ 쇼　죠
ち|ぢ 치　지	ちゃ|ぢゃ 챠　쟈	ちゅ|ぢゅ 츄　쥬	ちょ|ぢょ 쵸　죠
に 니	にゃ 냐	にゅ 뉴	にょ 뇨
ひ|び|ぴ 히　비　피	ひゃ|びゃ|ぴゃ 햐　뱌　퍄	ひゅ|びゅ|ぴゅ 휴　뷰　퓨	ひょ|びょ|ぴょ 효　뵤　표
み 미	みゃ 먀	みゅ 뮤	みょ 묘
り 리	りゃ 랴	りゅ 류	りょ 료

✓ 읽을 때 주의해야 할 점!

요음인 やゆよ가 붙어서 한 박자로 소리를 내므로 길게 읽지 않도록 주의합니다.
　　　　 야 유 요

① [코우샤] 학교 건물, 교사

こうしゃ

こ	う	しゃ		
코	우	샤		

② [요슈우] 예습

よしゅう

よ	し	ゅ	う			
요	슈	우				

③ [소츠교우] 졸업

そつぎょう

そ	つ	ぎ	ょ	う		
소	츠	교	우			

④ [쟈가이모] 감자

じゃがいも

じ	ゃ	が	い	も		
쟈	가	이	모			

⑤ [규우뉴우] 우유

ぎゅうにゅう

ぎ	ゅ	う	に	ゅ	う	
규	우	뉴	우			

⑥ [죠세이] 여성

じょせい

じ	ょ	せ	い			
죠	세	이				

⑦ [하이샤] 치과 의사

はいしゃ

は	い	しゃ			
하	이	샤			

⑧ [사이슈우] 마지막, 최종

さいしゅう

さ	い	しゅ	う		
사	이	슈	우		

⑨ [노우죠우누시] 농장 주인, 농부

のうじょうぬし

の	う	じょ	う	ぬ	し
노	우	죠	우	누	시

※ '농장'이라는 의미인 農場(のうじょう/노우죠우)에 '주인'이라는 의미인 主(ぬし/누시)가 더해진 단어입니다.

⑩ [토우챠쿠] 도착

とうちゃく

と	う	ちゃ	く		
토	우	챠	쿠		

⑪ [큐우케이] 휴게, 휴식

きゅうけい

きゅ	う	け	い		
큐	우	케	이		

⑫	**[죠우호우]** 정보

じょうほう

じょ	う	ほ	う		
죠	우	호	우		

⑬	**[헤이샤]** 저희 회사(자사를 낮춰 말할 때)

へいしゃ

へ	い	しゃ			
헤	이	샤			

⑭	**[쥬쿠스이]** 잠을 푹 잠, 숙면

じゅくすい

じゅ	く	す	い		
쥬	쿠	스	이		

⑮	**[쿄우다이]** 형제

きょうだい

きょ	う	だ	い		
쿄	우	다	이		

⑯	**[오챠]** (마시는)차

おちゃ

お	ちゃ				
오	챠				

⑰ [슈미] 취미

しゅみ

しゅ	み				
슈	미				

⑱ [에이쿄우] 영향

えいきょう

え	い	きょ	う		
에	이	쿄	우		

⑲ [햐쿠] (숫자)백

ひゃく

ひゃ	く				
햐	쿠				

⑳ [마이슈우] 매주

まいしゅう

ま	い	しゅ	う		
마	이	슈	우		

※ '(횟수)매 ~'이라는 의미인 毎(まい/마이)에 '일주(일)'이라는 의미인 週(しゅう/슈우)가 더해진 단어입니다.

㉑ [나이쇼] 비밀

ないしょ

な	い	しょ			
나	이	쇼			

㉒ [쇼메이] 서명

しょめい

し	ょ	め	い			
쇼	메	이				

㉓ [후쿠슈우] 복습

ふくしゅう

ふ	く	しゅ	う			
후	쿠	슈	우			

㉔ [무츄우] 열중, 몰두함

むちゅう

む	ちゅ	う				
무	츄	우				

㉕ [죠우네츠테키] 정열적, 열정적

じょうねつてき

じょ	う	ね	つ	て	き	
죠	우	네	츠	테	키	

㉖ [아이죠우] 애정

あいじょう

あ	い	じょ	う			
아	이	죠	우			

연습문제

① 빈칸에 들어갈 글자를 적어 주세요.

(1) 비밀 ☐☐☐

나   이   쇼

(2) 감자 ☐☐☐☐

쟈   가   이   모

(3) 열중 ☐☐☐

무   츄   우

(4) 애정 ☐☐☐☐

아   이   죠   우

(5) 치과 의사 ☐☐☐

하   이   샤

(6) 휴게 ☐☐☐☐

큐   우   케   이

(7) 학교 건물 ☐☐☐

코   우   샤

(8) 형제 ☐☐☐☐

쿄   우   다   이

② 다음에 알맞은 히라가나를 넣는다면?

- (마이슈우) _____ 수요일마다 피아노를 배우고 있어.

- 난 (규우뉴우) _____ 만 마시면 배가 아파.

- 제 (슈미) _____ 는 (오챠) _____ 를 마시는 것입니다.

- 인터넷을 (죠우호우) _____ 의 바다라고도 합니다.

- 이런! 12시가 넘었네. (사이슈우) _____ 버스 있으려나?

- 마중 나갈게. 몇 시 (토우챠쿠) _____ 야?

- 공부의 왕도는 역시 수업 전에 미리 (요슈우) _____ 하고 수업 후에 (후쿠슈우) _____ 하는 거라 생각해.

③ 단어 발음과 의미가 맞게 선을 이어 주세요.

⑴ じょせい •	• 죠우네츠테키 •	• 졸업
⑵ えいきょう •	• 노우죠우누시 •	• 농장주인, 농부
⑶ じょうねつてき •	• 에이쿄우 •	• 여성
⑷ へいしゃ •	• 쇼메이 •	• 정열·열정적
⑸ しょめい •	• 헤이샤 •	• 영향
⑹ のうじょうぬし •	• 햐쿠 •	• 잠을 푹 잠, 숙면
⑺ ひゃく •	• 소츠교우 •	• 저희 회사
⑻ そつぎょう •	• 쥬쿠스이 •	• 서명
⑼ じゅくすい •	• 죠세이 •	• (숫자)백

쓰는 순서

			라 (ra)	ら				
			리 (ri)	り				
			루 (ru)	る				
			레 (re)	れ				
			로 (ro)	ろ				

① **[카나라즈] 반드시, 필히**

かならず

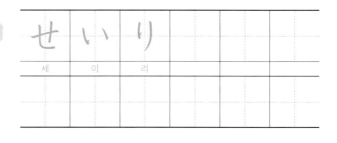

| か | な | ら | ず | | |
| カ | 나 | 라 | 즈 | | |

② **[세이리] 정리**

せいり

| せ | い | り | | |
| 세 | 이 | 리 | | |

③ [요루] 저녁

よる

よ	る			
요	루			

④ [메이레이] 명령

めいれい

め	い	れ	い	
메	이	레	이	

⑤ [오후로] 목욕

おふろ

お	ふ	ろ		
오	후	로		

⑥ [마쿠라] 베개

まくら

ま	く	ら		
마	쿠	라		

⑦ [료코우] 여행

りょこう

りょ	こ	う		
료	코	우		

⑧ [히루네] 낮잠

ひるね

ひ　る　ね
히　루　네

※ '낮'이라는 의미인 昼(ひる/히루)에 '자다'라는 의미인 寝る(ねる/네루)가 더해진 단어입니다.

⑨ [레이보우] 냉방

れいぼう

れ　い　ぼ　う
레　이　보　우

⑩ [도우로] 도로

どうろ

ど　う　ろ
도　우　로

⑪ [츠라이] 괴롭다, 괴로운

つらい

つ　ら　い
츠　라　이

⑫ [누쿠모리] 온기, 따스함

ぬくもり

ぬ　く　も　り
누　쿠　모　리

⑬ [미소시루] 된장국

みそしる

み	そ	し	る			
미	소	시	루			

※ '된장'이라는 의미인 味噌(みそ/미소)에 '즙, 국'이라는 의미인 汁(しる/시루)가 더해진 단어입니다.

⑭ [키레이] 예쁨, 깨끗함

きれい

き	れ	い				
키	레	이				

⑮ [테부쿠로] 장갑

てぶくろ

て	ぶ	く	ろ			
테	부	쿠	로			

※ '손'이라는 의미인 手(て/테)에 '봉투'라는 의미인 袋(ふくろ/후쿠로)가 더해진 단어입니다.

⑯ [라이슈우] 다음 주

らいしゅう

ら	い	しゅ	う			
라	이	슈	우			

⑰ [케무리] 연기

けむり

け	む	り				
케	무	리				

⑱ [니쿠루이] 고기류

にくるい

に	く	る	い		
니	쿠	루	이		

⑲ [레키시] 역사

れきし

れ	き	し			
레	키	시			

⑳ [사이코로] 주사위

さいころ

さ	い	こ	ろ		
사	이	코	로		

㉑ [노리모노] 탈것

のりもの

の	り	も	の		
노	리	모	노		

※ '타다'라는 의미인 乗る(のる/노루)에 '물건, 것'이라는 의미인 物(もの/모노)가 더해진 단어입니다.

㉒ [카에루] 개구리

かえる

か	え	る			
카	에	루			

㉓ **[하다아레]** 튼살, 피부가 거칠어짐

はだあれ

は だ あ れ
하　다　아　레

※ '피부'라는 의미인 肌(はだ/하다)에 '거칠어지다'라는 의미인 荒れる(あれる/아레루)가 더해진 단어입니다.

㉔ **[챠이로]** 갈색

ちゃいろ

ちゃ い ろ
챠　이　로

㉕ **[하야리]** 유행

はやり

は や り
하　야　리

㉖ **[헤소쿠리]** (몰래 모아둔)비상금

へそくり

へ そ く り
헤　소　쿠　리

㉗ **[유우레이]** 유령

ゆうれい

ゆ う れ い
유　우　레　이

1 빈칸에 들어갈 글자를 적어 주세요.

(1) 갈색

챠	이	로

(2) 목욕

오	후	로

(3) 연기

케	무	리

(4) 괴롭다

츠	라	이

(5) 명령

메	이	레	이

(6) 된장국

미	소	시	루

(7) 냉방

레	이	보	우

(8) 고기류

니	쿠	루	이

(9) 탈것

노	리	모	노

(10) 반드시

카	나	라	즈

2 다음에 알맞은 히라가나를 넣는다면?

- 매번 외국 (료코우) _____ 가면 호텔 (마쿠라) _____ 가 안 맞아서 잠자는 게 불편해.

- 점심 먹고 잠깐 (히루네) _____ 했더니 (요루) _____ 에 잠을 못 자겠어.

- 요즘 건조해서 그런지 (하다아레) _____ 가 심해.

- 요즘 (하야리) _____ 하는 스타일이 뭐야?

- 방을 (키레이) _____ 하게 청소하다가 아내 몰래 숨겨둔 (헤소쿠리) _____ 를 발견했어!

❸ 단어 발음과 의미가 맞게 선을 이어 주세요.

(1) れきし •	• 카에루	•	•	주사위
(2) ぬくもり •	• 라이슈우	•	•	장갑
(3) さいころ •	• 테부쿠로	•	•	다음 주
(4) ゆうれい •	• 유우레이	•	•	역사
(5) かえる •	• 레키시	•	•	도로
(6) らいしゅう •	• 누쿠모리	•	•	개구리
(7) てぶくろ •	• 세이리	•	•	온기, 따스함
(8) せいり •	• 사이코로	•	•	유령
(9) どうろ •	• 도우로	•	•	정리

정답

❶ (1) ちゃいろ (2) おふろ (3) けむり (4) つらい
(5) めいれい (6) みそしる (7) れいぼう
(8) にくるい (9) のりもの (10) かならず

❷ (차례대로) りょこう, まくら, ひるね, よる, はだ
あれ, はやり, きれい, へそくり

❸ (1) れきし – 레키시 – 역사
(2) ぬくもり – 누쿠모리 – 온기, 따스함

(3) さいころ – 사이코로 – 주사위
(4) ゆうれい – 유우레이 – 유령
(5) かえる – 카에루 – 개구리
(6) らいしゅう – 라이슈우 – 다음 주
(7) てぶくろ – 테부쿠로 – 장갑
(8) せいり – 세이리 – 정리
(9) どうろ – 도우로 – 도로

11 와 행까지 이미지 연상 쓰기 연습

쓰는 순서

わ 와 (wa)

を 오 (wo)

[を]는 조사인 [~을/를]을 말할 때에만 사용되며 그 외에는 전부 [お]를 사용합니다.

① [우츠와] 그릇

うつわ

う	つ	わ		
우	츠	와		

② [니와토리] 닭

にわとり

に	わ	と	り	
니	와	토	리	

③ [오와리] 끝

おわり

お	わ	り			
오	와	리			

④ [카이와] 회화

かいわ

か	い	わ			
카	이	와			

⑤ [헤이와] 평화

へいわ

へ	い	わ			
헤	이	와			

⑥ [와타시] 나, 저

わたし

わ	た	し			
와	타	시			

⑦ [오] ~을/를

を

を					
오					

발음(撥音) ん까지 이미지 연상 쓰기 연습

쓰는 순서

ㄴ,ㅁ,ㅇ
(N)

ん

　한자 없을 무(无)의 초서체인 [ん]은 독특한 역할을 하는 히라가나입니다. 이 글자는 한국어로 하면 받침과 같은 역할을 하고 있는데 받침 [ㄴ, ㅁ, ㅇ]의 소리를 나타내고 있습니다. 이 소리의 유래에는 옛 중국에서 경전 등이 수입될 때 [N] 소리도 같이 들어왔다는 설이 있습니다.

　이 글자는 뒤에 오는 자음 소리에 따라 발음하는 방법이 달라지는데 여기에서는 그 법칙에 대해 소개하겠습니다.

받침 [ㅁ] 발음	ん + ば · ぱ · ま행 바　파　마
받침 [ㄴ] 발음	ん + さ · ざ · た · だ · な · ら행 사　자　타　다　나　라
받침 [ㅇ] 발음	ん + あ · か · が · は · や행 아　카　가　하　야 끝이 ～ん으로 끝날 시

✓ 여기서 주의해야 할 점!

한국어는 받침까지 합쳐서 한 박자 소리로 내지만 일본어에서 받침 소리는 따로 한 박자 소리로 낸다는 것!

요음인 [ゃ ゅ ょ]와는 다릅니다!
아 유 요
꼭 기억해 주세요!

발음(撥音) ん 발음하는 법

ん + ば · ぱ · ま행 = 받침 [ㅁ] 발음
　　　바　 파　 마

① [다ㅁ보우] 난방

だんぼう

だ　ん　ぼ　う
다　ㅁ　보　우

② [시ㅁ파이] 걱정

しんぱい

し　ん　ぱ　い
시　ㅁ　파　이

③ [키ㅁ무] 근무

きんむ

き　ん　む
키　ㅁ　무

④ [마ㅁ푸쿠] 배부름

まんぷく

ま　ん　ぷ　く
마　ㅁ　푸　쿠

ん + さ・ざ・た・だ・な・ら행 = 받침 [ㄴ] 발음
　　　　사　자　타　다　나　라

⑤ [호ㄴ토우] 정말, 진짜

ほんとう

ほ	ん	と	う		
호	ㄴ	토	우		

⑥ [모ㄴ다이] 문제

もんだい

も	ん	だ	い		
모	ㄴ	다	이		

⑦ [세ㄴ누키] 병따개

せんぬき

せ	ん	ぬ	き		
세	ㄴ	누	키		

⑧ [아ㄴ나이] 안내

あんない

あ	ん	な	い		
아	ㄴ	나	이		

⑨ [테ㄴ노우] (일본)천황, 국왕

てんのう

て	ん	の	う		
테	ㄴ	노	우		

⑩ [호ㄴ네] 본심(겉과 다른 속마음)

ほんね

ほ	ん	ね		
호	ㄴ	네		

⑪ [레ㄴ라쿠] 연락

れんらく

れ	ん	ら	く		
래	ㄴ	라	쿠		

⑫ [부ㄴ루이] 분류

ぶんるい

ぶ	ん	る	い		
부	ㄴ	루	이		

⑬ [세ㄴ로] (전철)선로

せんろ

せ	ん	ろ		
세	ㄴ	로		

발음(撥音) ん 발음하는 법

$$ん + あ・か・が・は・や행 \atop 끝이 ~ん으로 끝날 시$$ = 받침 [ㅇ] 발음

ㄴ+あ・か・が・は・や행
아 카 가 하 야

⑭ [후ㅇ이키] 분위기

ふんいき

ふ	ん	い	き			
후	ㅇ	이	키			

⑮ [유우비ㅇ쿄쿠] 우체국

ゆうびんきょく

ゆ	う	び	ん	きょ	く	
유	우	비	ㅇ	쿄	쿠	

⑯ [게ㅇ키] 건강함, 기운, 기력

げんき

げ	ん	き				
게	ㅇ	키				

⑰ [코쿠사ㅇ히ㅇ] 국산품

こくさんひん

こ	く	さ	ん	ひ	ん	
코	쿠	사	ㅇ	히	ㅇ	

⑱ [시ㅇ요우] 신용

しんよう

し	ん	よ	う		
시	ㅇ	요	우		

⑲ [코우에ㅇ] 공원

こうえん

こ	う	え	ん		
코	우	에	ㅇ		

⑳ [소우메ㅇ] (음식)소면

そうめん

そ	う	め	ん		
소	우	메	ㅇ		

㉑ [야치ㅇ] 집세

やちん

や	ち	ん			
야	치	ㅇ			

㉒ [스이미ㅇ] 수면

すいみん

す	い	み	ん		
스	이	미	ㅇ		

연습문제

1 빈칸에 들어갈 글자를 적어 주세요.

(1) 안내

아	ㄴ	나	이

(2) 근무

키	ㅁ	무

(3) 소면

소	우	메	ㅇ

(4) 선로

세	ㄴ	로

(5) 문제

모	ㄴ	다	이

(6) 그릇

우	츠	와

(7) 닭

니	와	토	리

(8) 평화

헤	이	와

(9) 집세

야	치	ㅇ

(10) 끝

오	와	리

2 다음에 알맞은 히라가나를 넣는다면?

- 거짓말이 아니라 (호ㄴ토우) _____ 라니까! 내가 그리 (시ㅇ요우) _____ 가 없어?

- 흔히 일본 사람은 겉과 (호ㄴ네) _____ 가 다르다고 합니다.

- 너무 (시ㅁ파이) _____ 하지 마. 다 잘될 거야.

- 핸드폰을 잃어버려서 (레ㄴ라쿠) _____ 할 방법이 없네.

- 소포를 보내러 (유우비ㅇ쿄쿠) _____ 에 갔습니다.

- 완전 원어민인데? (와타시) ＿＿＿＿＿＿＿＿ 도 너처럼 (카이와) ＿＿＿＿＿＿＿＿ 를 하고 싶어.

- 일본에서는 국왕을 (테ㄴ노우) ＿＿＿＿＿＿＿＿ 라고 말하고 있습니다.

- 요즘 (스이미ㅇ) ＿＿＿＿＿＿＿＿ 시간이 짧아서 (게ㅇ키) ＿＿＿＿＿＿＿＿ 가 없어.

③ 단어 발음과 의미가 맞게 선을 이어 주세요.

⑴ ぶんるい •	• 마ㅁ푸쿠 •	• 배부름
⑵ だんぼう •	• 코우에ㅇ •	• 공원
⑶ せんぬき •	• 후ㅇ이키 •	• 병따개
⑷ ふんいき •	• 부ㄴ루이 •	• 난방
⑸ まんぷく •	• 다ㅁ보우 •	• 분류
⑹ こくさんひん •	• 세ㄴ누키 •	• 국산품
⑺ こうえん •	• 코쿠사ㅇ히ㅇ •	• 분위기

정답

① ⑴ あんない ⑵ きんむ ⑶ そうめん
⑷ せんろ ⑸ もんだい ⑹ うつわ
⑺ にわとり ⑻ へいわ ⑼ やちん ⑽ おわり

② (차례대로) ほんとう. しんよう. ほんね. しんぱ
い. れんらく. ゆうびんきょく. わたし. かい
わ. てんのう. すいみん. げんき

③ ⑴ ぶんるい – 부ㄴ루이 – 분류
⑵ だんぼう – 다ㅁ보우 – 난방
⑶ せんぬき – 세ㄴ누키 – 병따개
⑷ ふんいき – 후ㅇ이키 – 분위기
⑸ まんぷく – 마ㅁ푸쿠 – 배무름
⑹ こくさんひん – 코쿠사ㅇ히ㅇ – 국산품
⑺ こうえん – 코우에ㅇ – 공원

촉음(促音) っ까지 쓰기 연습

이전에 た행(Unit 04)에서 배웠던 글자 중에 つ가 있었습니다. 이 つ는 전날 배운 ん과 같이 한

글의 받침 소리의 역할을 하는 글자로 이것을 **촉음**이라고 합니다. [っ]는 Unit 09에서 소개한 요음

(やゆよ)과 같이 작은 글자로 적어 표기하는데 「゛」이 붙는 탁음은 뒤에 올 수 없고 반탁음「゜」은

가능하다는 특징이 있습니다. 촉음 역시 발음 ん처럼 뒤에 오는 자음 소리에 따라 발음하는 방법

이 변화하는데 기본적인 공식을 확인하고 연습해 보도록 하겠습니다.

기본공식

촉음 [ㄱ] 발음 = 뒤에 오는 글자의 자음 소리

촉음 [ㄱ] 뒤에	かきくけこ 카 키 쿠 케 코	→	ㅋ 발음 → ㄱ 발음
	さしすせそ 사 시 스 세 소		ㅅ 발음 → ㅅ 발음
	たちつてと 타 치 츠 테 토		ㅌ/ㅊ 발음 → ㅅ 발음
	ぱぴぷぺぽ 파 피 푸 페 포		ㅍ 발음 → ㅂ 발음

✓ 여기서 주의해야 할 점!

한국어는 받침까지 합쳐서 한 박자 소리로 내지만 일본어에서 받침 소리는 따로 한 박자 소리로 낸다는 것!

요음인 [やゆよ]와는 다릅니다!

꼭 기억해 주세요!

촉음(促音) っ 발음하는 법

っ+か행(かきくけこ) = 받침 [ㄱ] 발음
カ　カキクケコ

① **[가ㄱ코우] 학교**

がっこう

が	っ	こ	う		
가	ㄱ	코	우		

② **[케ㄱ코ㅇ] 결혼**

けっこん

け	っ	こ	ん		
케	ㄱ	코	ㅇ		

③ **[호ㄱ카이도우] 홋카이도**

ほっかいどう

ほ	っ	か	い	ど	う
호	ㄱ	카	이	도	우

④ **[유ㄱ쿠리] 천천히, 느긋하게**

ゆっくり

ゆ	っ	く	り		
유	ㄱ	쿠	리		

촉음(促音) っ 발음하는 법

っ + さ행(さしすせそ) = 받침 [ㅅ] 발음
사 　사시스세소

---

⑤ [이ㅅ쇼니] 함께, 같이

いっしょに

い	っ	しょ	に
이	ㅅ	쇼	니

---

⑥ [이ㅅ슈우카ㅇ] 일주일

いっしゅうかん

い	っ	しゅ	う	か	ん
이	ㅅ	슈	우	카	ㅇ

---

⑦ [케ㅅ세키] 결석

けっせき

け	っ	せ	き
케	ㅅ	세	키

---

⑧ [자ㅅ시] 잡지

ざっし

ざ	っ	し
자	ㅅ	시

촉음(促音) っ 발음하는 법

っ + た행(たちつてと) = 받침 [ㅅ] 발음
타　타치츠테토

⑨ [키ㅅ테] 우표

きって

きって					
키	ㅅ	테			

⑩ [제ㅅ타이] 절대(로)

ぜったい

ぜったい					
제	ㅅ	타	이		

⑪ [쵸ㅅ토] 잠깐, 조금

ちょっと

ちょっと					
쵸	ㅅ	토			

⑫ [나ㅅ토우] 낫토

なっとう

なっとう					
나	ㅅ	토	우		

촉음(促音) っ 발음하는 법

っ + ぱ행(ぱぴぷぺぽ) = 받침 [ㅂ] 발음
파 피 푸 페 포

⑬ [이ㅂ파이] 한잔, 가득

いっぱい

いっぱい				
이	ㅂ	파	이	

※ '이'에 억양을 주어 발음하면 '한 잔'이 되고 '파'에 억양을 주면 '가득'이란 의미가 됩니다.

⑭ [키ㅂ푸] 표, 티켓

きっぷ

きっぷ				
키	ㅂ	푸		

⑮ [니ㅂ포ㅇ] (세계 읽을 시)일본

にっぽん

にっぽん				
니	ㅂ	포	ㅇ	

※ 일반적으로는 にほん[니호ㅇ]이라고 합니다.

⑯ [야ㅂ파리] 역시(나)

やっぱり

やっぱり				
야	ㅂ	파	리	

장음(長音)에 대해서

장음이란 뒤에 오는 모음을 평소보다 길게 발음하는 소리를 가리키며 아래와 같은 규칙이 있습니다.

あ段	い段	う段・ゆ	え段	お段・よ
아 단	이 단	우 단・유	에 단	오 단・요

+

あ	い	う	え・い	お・う
아	이	우	에・이	오・우

예 가족 명칭에서의 장음 활용법

あ段+あ 아 단 아	おばあさん おかあさん	오바-상 오카-상	할머니 엄마
い段+い 이 단 이	おじいさん おにいさん	오지-상 오니-상	할아버지 형, 오빠
う段・ゆ+う 우 단・유 우	ふうふ	후-후	부부
え段＋え・い 에 단 에 이	おねえさん	오네-상	누나, 언니
お段・よ＋お・う 오 단・요 오 우	おとうと いもうと りょうしん	오토-토 이모-토 료-싱	남동생 여동생 부모님, 양친

일본어에 있어 장음은 길게 발음하지 않으면 단어 의미가 변하는 경우가 생길 수 있습니다. 예를 들어 할아버지란 단어인 おじいさん을 짧게 발음하면 아저씨, 고숙, 이숙, 삼촌의 의미가 되고 할
오 지 - 상。
머니란 단어인 おばあさん은 아줌마, 이모, 고모라는 의미로 바뀌게 되니 주의하셔야 합니다.
오 바 - 상。

연습문제

1 빈칸에 들어갈 글자를 적어 주세요.

(1) 우표

키	ㅅ	테

(2) 결혼

케	ㄱ	코	ㅇ

(3) 잡지

자	ㅅ	시

(4) 낫토

나	ㅅ	토	우

(5) 일본

니	ㅂ	포	ㅇ

(6) 한잔

이	ㅂ	파	이

(7) 역시

야	ㅂ	파	리

(8) 결석

케	ㅅ	세	키

(9) 일주일

이	ㅅ	슈	우	카	ㅇ

(10) 홋카이도

호	ㄱ	카	이	도	우

2 다음에 알맞은 히라가나를 넣는다면?

- 이제 (쵸ㅅ토) _____ 만 있으면 전역이다!

- 겨울방학이 끝나 다시 (가ㄱ코우) _____ 에 가려니 너무 싫다.

- 성인 (키ㅅ푸) _____ 2장이고 (이ㅅ쇼니) _____ 앉게 해주세요.

- 갈 길이 먼데 너무 (유ㄱ쿠리) _____ 달리는 거 아니야?.

- (제ㅅ타이) _____ 다른 사람에게 보여주지 마! 알겠지!

③ 단어 발음과 의미가 맞게 선을 이어 주세요.

(1) おにいさん ・　　　・ 오토우사。・　　　・ 할아버지

(2) おかあさん ・　　　・ 이모우토 ・　　　・ 누나, 언니

(3) おばあさん ・　　　・ 오바아사。・　　　・ 아빠

(4) おとうさん ・　　　・ 오네에사。・　　　・ 할머니

(5) おじいさん ・　　　・ 오지이사。・　　　・ 형, 오빠

(6) いもうと 　・　　　・ 오토우토 ・　　　・ 남동생

(7) おとうと 　・　　　・ 오카아사。・　　　・ 엄마

(8) おねえさん ・　　　・ 오니이사。・　　　・ 여동생

정답

① (1) きって (2) けっこん (3) ざっし (4) なっとう
(5) にっぽん (6) いっぱい (7) やっぱり
(8) けっせき (9) いっしゅうかん
(10) ほっかいどう

② (차례대로) ちょっと, がっこう, きっぷ いっしょ
に, ゆっくり, ぜったい

③ (1) おにいさん – 오니-사。– 형, 오빠

(2) おかあさん – 오카-사。– 엄마

(3) おばあさん – 오바-사。– 할머니

(4) おとうさん – 오토-사。– 아빠

(5) おじいさん – 오지-사。– 할아버지

(6) いもうと – 이모-토 – 여동생

(7) おとうと – 오토-토 – 남동생

(8) おねえさん – 오네-사。– 누나, 언니

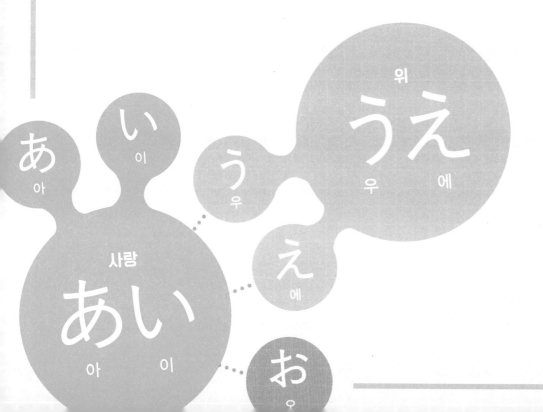

카타카나편

카타카나는 고유명사나 외래어, 의성어(사물의 소리를 본뜬 말), 의태어(사물의 모양이나 짓을 흉내 내어 만든 말) 또는 단어를 강조할 때 주로 사용하는데 히라가나와는 달리 카타카나에는 독특한 발음 표기 방법이 있습니다.

1. 장음「ー」
2. 스테가나(捨て仮名)
3. う 탁음「ヴ」
   우   부

이 세 가지 특징을 기억한 후, 이제 카타카나 쓰기를 본격적으로 시작하겠습니다.

장음「ー」이란?
히라가나에서 장음으로 발음했던 것을 장음 기호인「ー」을 사용하여 표현합니다.

스테가나란?
요음(ゃゅょ)과 촉음(っ) 처럼 작은 글자로 표기한 글자를 말합니다. ぁぃぅぇぉ를 스테가나로 써서 카 나 한 글자로 표기가 되지 않던 소리[예 : 티, 투, (자음이 있는)ㅘ, ㅟ, ㅞ 등]를 표기할 수 있습니다.

예 tea : ティー   check : チェック   folk : フォーク

う 탁음「ヴ」?
우   부
영어에서의 v 발음을 표기할 때 사용합니다.

violin : ヴァイオリン   victory : ヴィクトリー

이 세 가지 특징을 기억한 후, 이제 카타카나 쓰기를 본격적으로 시작하겠습니다.

쓰는 순서

	아(a)	ア					
	이(i)	イ					
	우(u)	ウ					
	에(e)	エ					
	오(o)	オ					

쓰는 순서

	카(ka)	カ					
	키(ki)	キ					
	쿠(ku)	ク					
	케(ke)	ケ					
	코(ko)	コ					

쓰는 순서

		사 (sa)	サ				
		시 (shi)	シ				
		스 (su)	ス				
		세 (se)	セ				
		소 (so)	ソ				

쓰는 순서

		타 (ta)	タ				
		치 (chi)	チ				
		츠 (tsu)	ツ				
		테 (te)	テ				
		토 (to)	ト				

쓰는 순서

ナ 나(na)	ナ				
二 니(ni)	二				
ヌ 누(nu)	ヌ				
ネ 네(ne)	ネ				
ノ 노(no)	ノ				

쓰는 순서

ハ 하(ha)	ハ				
ヒ 히(hi)	ヒ				
フ 후(hu)	フ				
ヘ 헤(he)	ヘ				
ホ 호(ho)	ホ				

쓰는 순서

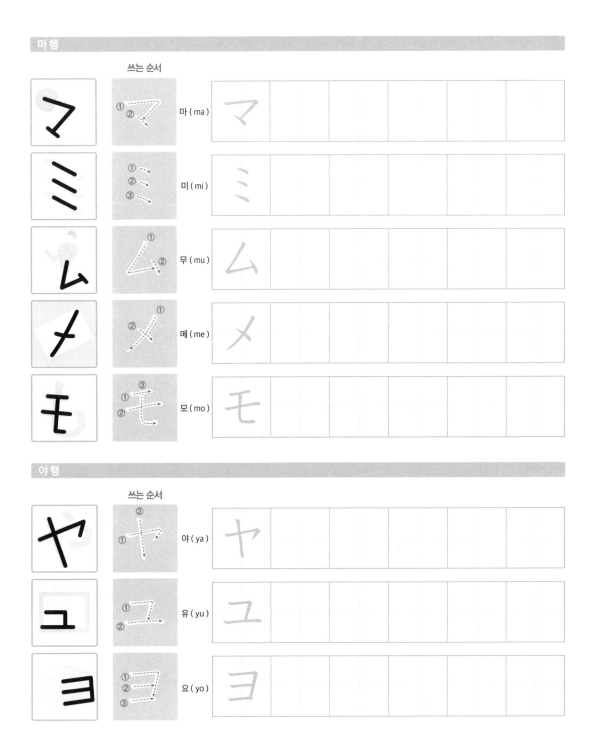

① ② 마 (ma)

① ② ③ 미 (mi)

① ② 무 (mu)

① ② 메 (me)

③ ① ② 모 (mo)

쓰는 순서

② ① 야 (ya)

① ② 유 (yu)

① ② ③ 요 (yo)

쓰는 순서

		라 (ra)	ラ					
		리 (ri)	リ					
		루 (ru)	ル					
		레 (re)	レ					
		로 (ro)	ロ					

쓰는 순서

		와 (wa)	ワ					
		오 (wo)	ヲ					
		ㄴ,ㅁ,ㅇ (N)	ン					

• エー [에−] A

• ビー [비−] B

• シー [시−] C

• ディー [디−] D

• イー [이−] E

• エフ [에후] F

• ジー ［지-］ G

ジー	ジー	ジー	ジー	ジー		
じ ー	じ ー	じ ー	じ ー	じ ー		

• エイチ ［에이치］ H

エイチ	エイチ	エイチ	エイチ
え い ち	え い ち	え い ち	え い ち

• アイ ［아이］ I

アイ	アイ	アイ	アイ	アイ		
あ い	あ い	あ い	あ い			

• ジェー ［제-］ J

ジェー	ジェー	ジェー	ジェー	ジェー		
じぇ ー	じぇ ー	じぇ ー	じぇ ー			

• ケー ［케-］ K

ケー	ケー	ケー	ケー	ケー		
け ー	け ー	け ー	け ー	け ー		

• エル ［에루］ L

エル	エル	エル	エル	エル		
え る	え る	え る	え る			

• エム ［에무］ M

エム	エム	エム	エム	エム		
え む	え む	え む	え む			

- エヌ ［에누］ N

エ	ヌ	エ	ヌ	エ	ヌ	エ	ヌ	エ	ヌ		
え	ぬ	え	ぬ	え	ぬ	え	ぬ	え	ぬ		

- オー ［오-］ O

オ	一	オ	一	オ	一	オ	一	オ	一		
お	一	お	一	お	一	お	一	お	一		

- ピー ［피-］ P

ピ	一	ピ	一	ピ	一	ピ	一	ピ	一		
ぴ	一	ぴ	一	ぴ	一	ぴ	一	ぴ	一		

- キュー ［큐-］ Q

キュ	一	キュ	一	キュ	一	キュ	一	キュ	一		
きゅ	一	きゅ	一	きゅ	一	きゅ	一	きゅ	一		

- アール ［아-루］ R

ア	一	ル	ア	一	ル	ア	一	ル	ア	一	ル
あ	一	る	あ	一	る	あ	一	る	あ	一	る

- エス ［에스］ S

エ	ス	エ	ス	エ	ス	エ	ス	エ	ス		
え	す	え	す	え	す	え	す	え	す		

- ティー ［티-］ T

ティ	一	ティ	一	ティ	一	ティ	一	ティ	一		
てぃ	一	てぃ	一	てぃ	一	てぃ	一				

• ユー [유-] U

ユ	ー	ユ	ー	ユ	ー	ユ	ー	ユ	ー		
ゆ	ー	ゆ	ー	ゆ	ー	ゆ	ー				

• ブイ [부이] V

ブ	イ	ブ	イ	ブ	イ	ブ	イ	ブ	イ		
ぶ	い	ぶ	い	ぶ	い	ぶ	い				

• ダブリュー [다부류-] W

ダ	ブ	リュ	ー	ダ	ブ	リュ	ー	ダ	ブ	リュ	ー
だ	ぶ	りゅ	ー	だ	ぶ	りゅ	ー	だ	ぶ	りゅ	ー

• エックス [에ㄱ쿠스] X

エ	ッ	ク	ス	エ	ッ	ク	ス	エ	ッ	ク	ス
え	っ	く	す	え	っ	く	す	え	っ	く	す

• ワイ [와이] Y

ワ	イ	ワ	イ	ワ	イ	ワ	イ	ワ	イ		
わ	い	わ	い	わ	い	わ	い				

• ゼッド [제ㅅ도] Z

ゼ	ッ	ド	ゼ	ッ	ド	ゼ	ッ	ド	ゼ	ッ	ド
ぜ	っ	ど	ぜ	っ	ど	ぜ	っ	ど	ぜ	っ	ど

• アルファベット [아루화베ㅅ토] Alphabet

ア	ル	ファ	ベ	ッ	ト	ア	ル	ファ	ベ	ッ	ト
あ	る	ふぁ	べ	っ	と	あ	る	ふぁ	べ	っ	と

국가 및 지역명으로 카타카나 쓰기 연습

• ソウル [소우루] 서울

ソ	ウ	ル	ソ	ウ	ル	ソ	ウ	ル	ソ	ウ	ル
そ	う	る	そ	う	る	そ	う	る	そ	う	る

• インチョン [인ㄴ쵸ㄴ] 인천

イ	ン	チョ	ン	イ	ン	チョ	ン	イ	ン	チョ	ン
い	ん	ちょ	ん	い	ん	ちょ	ん	い	ん	ちょ	ん

• アメリカ [아메리카] 미국

ア	メ	リ	カ	ア	メ	リ	カ	ア	メ	リ	カ
あ	め	り	か	あ	め	り	か	あ	め	り	か

• イギリス [이기리스] 영국

イ	ギ	リ	ス	イ	ギ	リ	ス	イ	ギ	リ	ス
い	ぎ	り	す	い	ぎ	り	す	い	ぎ	り	す

※ 포르투갈어로 '잉글랜드'라는 의미인 Inglez에서 온 단어입니다.

• フランス [후라ㄴ스] 프랑스

フ	ラ	ン	ス	フ	ラ	ン	ス	フ	ラ	ン	ス
ふ	ら	ん	す	ふ	ら	ん	す	ふ	ら	ん	す

• ドイツ [도이츠] 독일

ド	イ	ツ	ド	イ	ツ	ド	イ	ツ	ド	イ	ツ
ど	い	つ	ど	い	つ	ど	い	つ	ど	い	つ

- ロシア [로시아] 러시아

ロ	シ	ア	ロ	シ	ア	ロ	シ	ア	ロ	シ	ア
ろ	し	あ	ろ	し	あ	ろ	し	あ	ろ	し	あ

- ロンドン [로ㄴ도ㄴ] 런던

ロ	ン	ド	ン	ロ	ン	ド	ン	ロ	ン	ド	ン
ろ	ん	ど	ん	ろ	ん	ど	ん	ろ	ん	ど	ん

- ノルウェー [노루웨-] 노르웨이

ノ	ル	ウェ	ー	ノ	ル	ウェ	ー	ノ	ル	ウェ	ー
の	る	うぇ	-	の	る	うぇ	-	の	る	うぇ	-

- ロサンゼルス [로사ㄴ제루스] 로스앤젤레스

ロ	サ	ン	ゼ	ル	ス	ロ	サ	ン	ゼ	ル	ス
ろ	さ	ん	ぜ	る	す	ろ	さ	ん	ぜ	る	す

- メキシコ [메키시코] 멕시코

メ	キ	シ	コ	メ	キ	シ	コ	メ	キ	シ	コ
め	き	し	こ	め	き	し	こ	め	き	し	こ

- オランダ [오라ㄴ다] 네덜란드

オ	ラ	ン	ダ	オ	ラ	ン	ダ	オ	ラ	ン	ダ
お	ら	ん	だ	お	ら	ん	だ	お	ら	ん	だ

- ペキン [페키ㅇ] 베이징

ペ	キ	ン	ペ	キ	ン	ペ	キ	ン	ペ	キ	ン
ぺ	き	ん	ぺ	き	ん	ぺ	き	ん	ぺ	き	ん

• モスクワ [모스쿠와] 모스크바

モ	ス	ク	ワ	モ	ス	ク	ワ	モ	ス	ク	ワ
も	す	く	わ	も	す	く	わ	も	す	く	わ

• カンヌ [카ㄴ누] 칸

カ	ン	ヌ	カ	ン	ヌ	カ	ン	ヌ	カ	ン	ヌ
か	ん	ぬ	か	ん	ぬ	か	ん	ぬ	か	ん	ぬ

• ケニア [케니아] 케냐

ケ	ニ	ア	ケ	ニ	ア	ケ	ニ	ア	ケ	ニ	ア
け	に	あ	け	に	あ	け	に	あ	け	に	あ

• アルゼンチン [아루제ㄴ치ㄴ] 아르헨티나

ア	ル	ゼ	ン	チ	ン	ア	ル	ゼ	ン	チ	ン
あ	る	ぜ	ん	ち	ん	あ	る	ぜ	ん	ち	ん

• インドネシア [이ㄴ도네시아] 인도네시아

イ	ン	ド	ネ	シ	ア	イ	ン	ド	ネ	シ	ア
い	ん	ど	ね	し	あ	い	ん	ど	ね	し	あ

• ミャンマー [먀ㅁ마ー] 미얀마

ミャ	ン	マ	ー	ミャ	ン	マ	ー	ミャ	ン	マ	ー
みゃ	ん	ま	ー	みゃ	ん	ま	ー	みゃ	ん	ま	ー

• バングラデシュ [바ㅇ구라데슈] 방글라데시

バ	ン	グ	ラ	デ	シュ	バ	ン	グ	ラ	デ	シュ
ば	ん	ぐ	ら	で	しゅ	ば	ん	ぐ	ら	で	しゅ

• レバノン [레바노ㄴ] 레바논

レ	バ	ノ	ン	レ	バ	ノ	ン	レ	バ	ノ	ン
れ	ば	の	ん	れ	ば	の	ん	れ	ば	の	ん

• ベトナム [베토나무] 베트남

ベ	ト	ナ	ム	ベ	ト	ナ	ム	ベ	ト	ナ	ム	
べ	と	な	む	べ	と	な	べ	と	な	む	ぐ

• フィリピン [휘리피ㄴ] 필리핀

フィ	リ	ピ	ン	フィ	リ	ピ	ン	フィ	リ	ピ	ン
ふぃ	り	ぴ	ん	ふぃ	り	ぴ	ん	ふぃ	り	ぴ	ん

• シンガポール [시ㅇ가포–루] 싱가포르

シ	ン	ガ	ポ	ー	ル	シ	ン	ガ	ポ	ー	ル
し	ん	が	ぽ	ー	る	し	ん	が	ぽ	ー	る

• ギリシャ [기리샤] 그리스

ギ	リ	シャ	ギ	リ	シャ	ギ	リ	シャ	ギ	リ	シャ
ぎ	り	しゃ	ぎ	り	しゃ	ぎ	り	しゃ	ぎ	り	しゃ

• オーストリア [오–스토리아] 오스트리아

オ	ー	ス	ト	リ	ア	オ	ー	ス	ト	リ	ア
お		す	と	り	あ	お	ー	す	と	り	あ

• ヲ [오] ~을/를

ヲ	ヲ	ヲ	ヲ	ヲ	ヲ	ヲ					
を	を	を	を	を	を	を					

연습문제

1 빈칸에 들어갈 글자를 적어 주세요.

(1) 서울

소　우　루

(2) 영국

이　기　리　스

(3) 그리스

기　리　샤

(4) 필리핀

휘　리　피　ㄴ

(5) 러시아

로　시　아

(6) 미얀마

먀　ㅁ　마　-

(7) 케냐

케　니　아

(8) 레바논

레　바　노　ㄴ

(9) 칸

카　ㄴ　누

(10) 로스앤젤레스

로　사　ㄴ　제　루　스

2 다음에 알맞은 카타카나를 넣는다면?

- 중국의 수도 (페키ㅇ) ＿＿＿＿＿
- 영국의 수도 (로ㄴ도ㄴ) ＿＿＿＿＿

- 튤립의 나라 (오라ㄴ다) ＿＿＿＿＿
- 맥주의 나라 (도이츠) ＿＿＿＿＿

- 러시아의 수도 (모스쿠와) ＿＿＿＿＿

- 소설『상실의 시대』의 원 제목은 (노르웨-) ＿＿＿＿＿ 의 숲입니다.

③ 단어 발음과 의미가 맞게 선을 이어 주세요.

(1) シンガポール ・　　・ 메키시코 ・　　・ 멕시코

(2) バングラデシュ・　　・ 아루제ㄴ치ㄴ ・　　・ 인도네시아

(3) フランス ・　　・ 오-스토리아 ・　　・ 싱가포르

(4) メキシコ ・　　・ 이ㄴ도네시아 ・　　・ 프랑스

(5) インチョン ・　　・ 시ㅇ가포-루 ・　　・ 아르헨티나

(6) アルゼンチン ・　　・ 아메리카 ・　　・ 방글라데시

(7) インドネシア ・　　・ 베토나무 ・　　・ 인천

(8) オーストリア ・　　・ 바ㅇ구라데슈 ・　　・ 베트남

(9) ベトナム ・　　・ 이ㄴ쵸ㄴ ・　　・ 오스트리아

(10) アメリカ ・　　・ 후라ㄴ스 ・　　・ 미국

정답

❶ (1) ソウル (2) イギリス (3) ギリシャ
(4) フィリピン (5) ロシア (6) ミャンマー
(7) ケニア (8) レバノン (9) カンヌ
(10) ロサンゼルス

❷ (차례대로) ペキン, ロンドン, オランダ, ドイツ, モ
スクワ, ノルウェー

❸ (1) シンガポール – 시ㅇ가포-루 – 싱가폴
(2) バングラデシュ – 바ㅇ구라데슈 – 방글라데시

(3) フランス – 후라ㄴ스 – 프랑스
(4) メキシコ – 메키시코 – 멕시코
(5) インチョン – 이ㄴ쵸ㄴ – 인천
(6) アルゼンチン – 아루제ㄴ치ㄴ – 아르헨티나
(7) インドネシア – 이ㄴ도네시아 – 인도네시아
(8) オーストリア – 오-스토리아 – 오스트리아
(9) ベトナム – 베토나무 – 베트남
(10) アメリカ – 아메리카 – 미국

음식명으로 카타카나 쓰기 연습

• キムチ [키무치] 김치

キ	ム	チ	キ	ム	チ	キ	ム	チ	キ	ム	チ
き	む	ち	き	む	ち	き	む	ち	き	む	ち

• カクテキ [카쿠테키] 깍두기

カ	ク	テ	キ	カ	ク	テ	キ	カ	ク	テ	キ
か	く	て	き	か	く	て	き	か	く	て	き

• ラーメン [라–메ㅇ] 라면

ラ	ー	メ	ン	ラ	ー	メ	ン	ラ	ー	メ	ン
ら	―	め	ん	ら	―	め	ん	ら	―	め	ん

• エッグ [에ㄱ구] 에그(계란)

エ	ッ	グ	エ	ッ	グ	エ	ッ	グ	エ	ッ	グ
え	っ	ぐ	え	っ	ぐ	え	っ	ぐ	え	っ	ぐ

• オムレツ [오무레츠] 오믈렛

オ	ム	レ	ツ	オ	ム	レ	ツ	オ	ム	レ	ツ
お	む	れ	つ	お	む	れ	つ	お	む	れ	つ

• ソース [소–스] 소스

ソ	ー	ス	ソ	ー	ス	ソ	ー	ス	ソ	ー	ス
そ	―	す	そ	―	す	そ	―	す	そ	―	す

- ヌードル [누-도루] 누들(면)

ヌ	ー	ド	ル	ヌ	ー	ド	ル	ヌ	ー	ド	ル
ぬ	―	ど	る	ぬ	―	ど	る	ぬ	―	ど	る

- ホットドック [호ㅅ토도ㄱ쿠] 핫도그

ホ	ッ	ト	ド	ッ	ク	ホ	ッ	ト	ド	ッ	ク
ほ	っ	と	ど	っ	く	ほ	っ	と	ど	っ	く

- ウォーター [워-타-] 워터(물)

ウォ	ー	タ	ー	ウォ	ー	タ	ー	ウォ	ー	タ	ー
うぉ	―	た	―	うぉ	―	た	―	うぉ	―	た	―

- タマネギ [타마네기] 양파

タ	マ	ネ	ギ	タ	マ	ネ	ギ	タ	マ	ネ	ギ
た	ま	ね	ぎ	た	ま	ね	ぎ	た	ま	ね	ぎ

- マカロン [마카로ㅇ] 마카롱

マ	カ	ロ	ン	マ	カ	ロ	ン	マ	カ	ロ	ン
ま	か	ろ	ん	ま	か	ろ	ん	ま	か	ろ	ん

- ノリ [노리] 김

ノ	リ	ノ	リ	ノ	リ	ノ	リ	ノ	リ
の	り	の	り	の	り	の	り		

- ミカン [미카ㅇ] 귤

ミ	カ	ン	ミ	カ	ン	ミ	カ	ン	ミ	カ	ン
み	か	ん	み	か	ん	み	か	ん	み	か	ん

- シナモン [시나모。] 시나몬

シ	ナ	モ	ン	シ	ナ	モ	ン	シ	ナ	モ	ン
し	な	も	ん	し	な	も	ん	し	な	も	ん

- チョコ [쵸코] 초코

チ	ョ	コ	チ	ョ	コ	チ	ョ	コ	チ	ョ	コ
ちょ		こ	ちょ		こ	ちょ		こ	ちょ		こ

- アイス [아이스] 아이스

ア	イ	ス	ア	イ	ス	ア	イ	ス	ア	イ	ス
あ	い	す	あ	い	す	あ	い	す	あ	い	す

- ケーキ [케-키] 케이크

ケ	ー	キ	ケ	ー	キ	ケ	ー	キ	ケ	ー	キ
け	―	き	け	―	き	け	―	き	け	―	き

- サンドイッチ [사ㄴ도이ㅅ치] 샌드위치

サ	ン	ド	イ	ッ	チ	サ	ン	ド	イ	ッ	チ
さ	ん	ど	い	っ	ち	さ	ん	ど	い	っ	ち

- セットメニュー [세ㅅ토메뉴-] 세트 메뉴

セ	ッ	ト	メ	ニ	ュ	ー	セ	ッ	ト	メ	ニ	ュ	ー
せ	っ	と	め	にゅ		―	せ	っ	と	め	にゅ		―

- キャベツ [캬베츠] 양배추

キ	ャ	ベ	ツ	キ	ャ	ベ	ツ	キ	ャ	ベ	ツ	キ	ャ	ベ	ツ
きゃ		べ	つ	きゃ		べ	つ	きゃ		べ	つ	きゃ		べ	つ

• ハンバーガー [하ㅁ바ー가ー] 햄버거

ハ	ン	バ	ー	ガ	ー	ハ	ン	バ	ー	ガ	ー
は	ん	ば	ー	が	ー	は	ん	ば	ー	が	ー

• コーヒー [코ー히ー] 커피

コ	ー	ヒ	ー	コ	ー	ヒ	ー	コ	ー	ヒ	ー
こ	ー	ひ	ー	こ	ー	ひ	ー	こ	ー	ひ	ー

• スープ [스ー푸] 수프

ス	ー	プ	ス	ー	プ	ス	ー	プ	ス	ー	プ
す	ー	ぷ	す	ー	ぷ	す	ー	ぷ	す	ー	ぷ

• カレー [카레ー] 커리

カ	レ	ー	カ	レ	ー	カ	レ	ー	カ	レ	ー
か	れ	ー	か	れ	ー	か	れ	ー	か	れ	ー

• ワイン [와이ㄴ] 와인

ワ	イ	ン	ワ	イ	ン	ワ	イ	ン	ワ	イ	ン
わ	い	ん	わ	い	ん	わ	い	ん	わ	い	ん

• ジュース [쥬ー스] 주스

ジュ	ー	ス	ジュ	ー	ス	ジュ	ー	ス	ジュ	ー	ス
じゅ	ー	す	じゅ	ー	す	じゅ	ー	す	じゅ	ー	す

• ヲ [오] ~을/를

ヲ	ヲ	ヲ	ヲ	ヲ	ヲ	ヲ					
を	を	を	を	を	を	を					

연습문제

① 빈칸에 들어갈 글자를 적어 주세요.

(1) 초코

| 쵸 | | 코 | |

(2) 오믈렛

| 오 | 무 | 레 | 츠 |

(3) 커리

| 카 | | 레 | - |

(4) 마카롱

| 마 | 카 | 로 | ㅇ |

(5) 주스

| 쥬 | | - | 스 |

(6) 라면

| 라 | - | 메 | ㅇ |

(7) 와인

| 와 | | 이 | ㄴ |

(8) 커피

| 코 | - | 히 | - |

(9) 아이스

| 아 | | 이 | 스 |

(10) 면

| 누 | - | 도 | 루 |

② 다음에 알맞은 카타카나를 넣는다면?

• 김밥을 일본에서는 (노리) _____ 마키라고 합니다.

• 코타츠에 들어가서 먹는 (미카ㅇ) _____ 은 이상하게 맛있단 말이야.

• 소화제 카베진의 주 원료는 (캬베츠) _____ 입니다.

• 지금 시간대에 (세ㅅ토 메뉴-) _____ 가 할인이래!

• 일본에서는 미역국을 와카메(미역) (스-푸) _____ 라고 한다.

• (소-스) _____ 좀 많이 뿌려 주세요.

❸ 단어 발음과 의미가 맞게 선을 이어 주세요.

(1) ウォーター •　　• 에ㄱ구　• 　　• 양파

(2) タマネギ •　　• 사ㄴ도이ㅅ치 •　　• 깍두기

(3) エッグ •　　• 하ㅁ바-가- •　　• 핫도그

(4) カクテキ •　　• 호ㅅ토도ㄱ쿠 •　　• 케이크

(5) サンドイッチ •　　• 시나모ㅇ •　　• 김치

(6) ケーキ •　　• 워-타- •　　• 햄버거

(7) ハンバーガー •　　• 카쿠테키 •　　• 워터

(8) シナモン •　　• 키무치 •　　• 샌드위치

(9) ホットドック •　　• 타마네기 •　　• 시나몬

(10) キムチ •　　• 케-키 •　　• 에그(달걀)

❶ (1) チョコ　(2) オムレツ　(3) カレー　(4) マカロン
(5) ジュース　(6) ラーメン　(7) ワイン
(8) コーヒー　(9) アイス　(10) ヌードル

❷ (차례대로) ノリ, ミカン, キャベツ, セットメニュー, スープ, ソース

❸ (1) ウォーター – 워-타- – 워터
(2) タマネギ – 타마네기 – 양파
(3) エッグ – 에ㄱ구 – 에그(달걀)
(4) カクテキ – 카쿠테키 – 깍두기
(5) サンドイッチ – 사ㄴ도이ㅅ치 – 샌드위치
(6) ケーキ – 케-키 – 케이크
(7) ハンバーガー – 하ㅁ바-가- – 햄버거
(8) シナモン – 시나모ㅇ – 시나몬
(9) ホットドック – 호ㅅ토도ㄱ쿠 – 핫도그
(10) キムチ – 키무치 – 김치

- ピアノ [피아노] 피아노

ピ	ア	ノ	ピ	ア	ノ	ピ	ア	ノ	ピ	ア	ノ
ぴ	あ	の	ぴ	あ	の	ぴ	あ	の	ぴ	あ	の

- ギター [기타–] 기타

ギ	タ	ー	ギ	タ	ー	ギ	タ	ー	ギ	タ	ー
ぎ	た	ー	ぎ	た	ー	ぎ	た	ー	ぎ	た	ー

- ホワイト [호와이토] 화이트

ホ	ワ	イ	ト	ホ	ワ	イ	ト	ホ	ワ	イ	ト
ほ	わ	い	と	ほ	わ	い	と	ほ	わ	い	と

- キュウリ [큐우리] 오이

キュ	ウ	リ	キュ	ウ	リ	キュ	ウ	リ	キュ	ウ	リ
きゅ	う	り	きゅ	う	り	きゅ	う	り	きゅ	う	り

- カラオケ [카라오케] 노래방

カ	ラ	オ	ケ	カ	ラ	オ	ケ	カ	ラ	オ	ケ
か	ら	お	け	か	ら	お	け	か	ら	お	け

- シャーペン [샤–펜ㄴ] 샤프펜슬

シャ	ー	ペ	ン	シャ	ー	ペ	ン	シャ	ー	ペ	ン
しゃ	ー	ぺ	ん	しゃ	ー	ぺ	ん	しゃ	ー	ぺ	ん

• エプロン [에푸로ㄴ] (조리)앞치마

エ	プ	ロ	ン	エ	プ	ロ	ン	エ	プ	ロ	ン
え	ぶ	ろ	ん	え	ぶ	ろ	ん	え	ぶ	ろ	ん

• コンビニ [코ㅁ비니] 편의점

コ	ン	ビ	ニ	コ	ン	ビ	ニ	コ	ン	ビ	ニ
こ	ん	び	に	こ	ん	び	に	こ	ん	び	に

• サービス [사–비스] 서비스

サ	ー	ビ	ス	サ	ー	ビ	ス	サ	ー	ビ	ス
さ	ー	び	す	さ	ー	び	す	さ	ー	び	す

• ショップ [쇼ㅂ푸] 숍

ショ	ッ	プ	ショ	ッ	プ	ショ	ッ	プ	ショ	ッ	プ
しょ	っ	ぶ	しょ	っ	ぶ	しょ	っ	ぶ	しょ	っ	ぶ

• ゼロ [제로] 숫자 0, 제로

ゼ	ロ	ゼ	ロ	ゼ	ロ	ゼ	ロ	ゼ	ロ
ぜ	ろ	ぜ	ろ	ぜ	ろ	ぜ	ろ	ぜ	ろ

• パソコン [파소코o] 퍼스널 컴퓨터(PC)

パ	ソ	コ	ン	パ	ソ	コ	ン	パ	ソ	コ	ン
ぱ	そ	こ	ん	ぱ	そ	こ	ん	ぱ	そ	こ	ん

• ハンカチ [하o카치] 손수건

ハ	ン	カ	チ	ハ	ン	カ	チ	ハ	ン	カ	チ
は	ん	か	ち	は	ん	か	ち	は	ん	か	ち

- ワイシャツ [와이샤츠] 와이셔츠

ワ	イ	シャ	ツ	ワ	イ	シャ	ツ	ワ	イ	シャ	ツ
わ	い	しゃ	つ	わ	い	しゃ	つ	わ	い	しゃ	つ

- テレビ [테레비] 텔레비전

テ	レ	ビ	テ	レ	ビ	テ	レ	ビ	テ	レ	ビ
て	れ	び	て	れ	び	て	れ	び	て	れ	び

- ナプキン [나푸키ㄴ] 냅킨

ナ	プ	キ	ン	ナ	プ	キ	ン	ナ	プ	キ	ン
な	ぷ	き	ん	な	ぷ	き	ん	な	ぷ	き	ん

- アフタヌーン [아후타누ーㄴ] 애프터눈

ア	フ	タ	ヌ	ー	ン	ア	フ	タ	ヌ	ー	ン
あ	ふ	た	ぬ	ー	ん	あ	ふ	た	ぬ	ー	ん

- ネクタイ [네쿠타이] 넥타이

ネ	ク	タ	イ	ネ	ク	タ	イ	ネ	ク	タ	イ
ね	く	た	い	ね	く	た	い	ね	く	た	い

- スマートフォン [스마ー토호ㅇ] 스마트폰

ス	マ	ー	ト	フォ	ン	ス	マ	ー	ト	フォ	ン
す	ま	ー	と	ふぉ	ん	す	ま	ー	と	ふぉ	ん

- ミックス [미ㄱ쿠스] 믹스

ミ	ッ	ク	ス	ミ	ッ	ク	ス	ミ	ッ	ク	ス
み	っ	く	す	み	っ	く	す	み	っ	く	す

• ルーム [루-무] 룸

ル	ー	ム	ル	ー	ム	ル	ー	ム	ル	ー	ム
る	ー	む	る	ー	む	る	ー	む	る	ー	む

• メモ [메모] 메모

メ	モ	メ	モ	メ	モ	メ	モ	メ	モ
め	も	め	も	め	も	め	も	め	も

• リュックサック [류ㄱ쿠사ㄱ쿠] 배낭

リュ	ッ	ク	サ	ッ	ク	リュ	ッ	ク	サ	ッ	ク
りゅ	っ	く	さ	っ	く	りゅ	っ	く	さ	っ	く

• ハンドバック [하ㄴ도바ㄱ쿠] 핸드백

ハ	ン	ド	バ	ッ	ク	ハ	ン	ド	バ	ッ	ク
は	ん	ど	ば	っ	く	は	ん	ど	ば	っ	く

• カード [카-도] 카드

カ	ー	ド	カ	ー	ド	カ	ー	ド	カ	ー	ド
か	ー	ど	か	ー	ど	か	ー	ど	か	ー	ど

• コーラ [코-라] 콜라

コ	ー	ラ	コ	ー	ラ	コ	ー	ラ	コ	ー	ラ
こ	ー	ら	こ	ー	ら	こ	ー	ら	こ	ー	ら

• ヲ [오] ~을/를

ヲ	ヲ	ヲ	ヲ	ヲ	ヲ	ヲ	ヲ				
を	を	を	を	を	を	を	を				

연습문제

① 빈칸에 들어갈 글자를 적어 주세요.

(1) 숫자 0

제	로

(2) 메모

메	모

(3) 피아노

피	아	노

(4) 숍

쇼	ㅂ	푸

(5) 서비스

사	-	비	스

(6) 룸

루	-	무

(7) 앞치마

에	푸	로	ㄴ

(8) 콜라

코	-	라

(9) 와이셔츠

와	이	샤	츠

(10) 카드

카	-	도

② 다음에 알맞은 카타카나를 넣는다면?

- (류ㄱ쿠사ㄱ쿠) _____ 하나만 메고 여행 가보고 싶어.

- 집 앞에 24시간 (코ㅁ비니) _____ 가 있어서 정말 편해.

- 오랜만에 (카라오케) _____ 가서 노래 한번 불러 볼까?

- 문서 작성을 해야 하는데 (파소코ㅇ) _____ 있을까요?

- (미ㄱ쿠스) _____ 피자를 시켰는데 아직 안 오네.

- 일본에서는 (스마-토호ㅇ) _____ 을 줄여서 스마호라고 부른다.

③ 단어 발음과 의미가 맞게 선을 이어 주세요.

(1) ハンカチ •   • 나푸키ㄴ •   • 손수건

(2) キュウリ •   • 하ㄴ도바ㄱ쿠 •   • 샤프펜슬

(3) ギター •   • 네쿠타이 •   • 냅킨

(4) ハンドバック •   • 샤-페ㄴ •   • 오이

(5) ナプキン •   • 큐우리 •   • 애프터눈

(6) シャーペン •   • 하ㅇ카치 •   • 핸드백

(7) ネクタイ •   • 아후타누-ㄴ •   • 텔레비전

(8) アフタヌーン •   • 호와이토 •   • 기타

(9) ホワイト •   • 기타- •   • 화이트

(10) テレビ •   • 테레비 •   • 넥타이

정답

❶ (1) ゼロ (2) メモ (3) ピアノ (4) ショップ
　(5) サービス (6) ルーム (7) エプロン
　(8) コーラ (9) ワイシャツ (10) カード

❷ (차례대로) リュックサック. コンビニ. カラオケ.
　パソコン. ミックス. スマートフォン

❸ (1) ハンカチ – 하ㅇ카치 – 손수건
　(2) キュウリ – 큐우리 – 오이
　(3) ギター – 기타- – 기타

　(4) ハンドバック – 하ㄴ도바ㄱ쿠 – 핸드백
　(5) ナプキン – 나푸키ㄴ – 냅킨
　(6) シャーペン – 샤-펜ㄴ – 샤프펜슬
　(7) ネクタイ – 네쿠타이 – 넥타이
　(8) アフタヌーン – 아후타누-ㄴ – 애프터눈
　(9) ホワイト – 호와이토 – 화이트
　(10) テレビ – 테레비 – 텔레비전

외래어로 카타카나 쓰기 연습 02

• チェック [체ㄱ쿠] 체크

チェ	ッ	ク	チェ	ッ	ク	チェ	ッ	ク	チェ	ッ	ク
ちぇ	っ	く	ちぇ	っ	く	ちぇ	っ	く	ちぇ	っ	く

• イン・アウト [이ㄴ・아우토] 인・아웃

イ	ン	・	ア	ウ	ト	イ	ン	・	ア	ウ	ト
い	ん	・	あ	う	と	い	ん	・	あ	う	と

• ビジネス [비지네스] 비즈니스

ビ	ジ	ネ	ス	ビ	ジ	ネ	ス	ビ	ジ	ネ	ス
び	じ	ね	す	び	じ	ね	す	び	じ	ね	す

• ホテル [호테루] 호텔

ホ	テ	ル	ホ	テ	ル	ホ	テ	ル	ホ	テ	ル
ほ	て	る	ほ	て	る	ほ	て	る	ほ	て	る

• ビザ [비자] 비자

ビ	ザ	ビ	ザ	ビ	ザ	ビ	ザ	ビ	ザ		
び	ざ	び	ざ	び	ざ	び	ざ	び	ざ		

• フロント [후로ㄴ토] 프론트

フ	ロ	ン	ト	フ	ロ	ン	ト	フ	ロ	ン	ト
ふ	ろ	ん	と	ふ	ろ	ん	と	ふ	ろ	ん	と

• エレベーター [에레베–타–] 엘리베이터

エ	レ	ベ	ー	タ	ー	エ	レ	ベ	ー	タ	ー
え	れ	べ	ー	た	ー	え	れ	べ	ー	た	ー

• オートロック [오–토로ㄱ쿠] 오토락

オ	ー	ト	ロ	ッ	ク	オ	ー	ト	ロ	ッ	ク
お	ー	と	ろ	っ	く	お	ー	と	ろ	っ	く

• スカイツリー [스카이츠리–] 스카이트리

ス	カ	イ	ツ	リ	ー	ス	カ	イ	ツ	リ	ー
す	か	い	つ	り	ー	す	か	い	つ	り	ー

• キャンセル [캬ㄴ세루] 캔슬

キャ	ン	セ	ル	キャ	ン	セ	ル	キャ	ン	セ	ル
きゃ	ん	せ	る	きゃ	ん	せ	る	きゃ	ん	せ	る

• チケット [치케ㅅ토] 티켓

チ	ケ	ッ	ト	チ	ケ	ッ	ト	チ	ケ	ッ	ト
ち	け	っ	と	ち	け	っ	と	ち	け	っ	と

• リモコン [리모코 o] 리모컨

リ	モ	コ	ン	リ	モ	コ	ン	リ	モ	コ	ン
り	も	こ	ん	り	も	こ	ん	り	も	こ	ん

• ユニバーサル [유니바–사루] 유니버설

ユ	ニ	バ	ー	サ	ル	ユ	ニ	バ	ー	サ	ル
ゆ	に	ば	ー	さ	る	ゆ	に	ば	ー	さ	る

- スタジオ [스타지오] 스튜디오

ス	タ	ジ	オ	ス	タ	ジ	オ	ス	タ	ジ	オ
す	た	じ	お	す	た	じ	お	す	た	じ	お

- ソファ [소화] 소파

ソ	ファ	ソ	ファ	ソ	ファ	ソ	ファ	ソ	ファ		
そ	ふぁ	そ	ふぁ	そ	ふぁ	そ	ふぁ	そ	ふぁ		

- サウナ [사우나] 사우나

サ	ウ	ナ	サ	ウ	ナ	サ	ウ	ナ	サ	ウ	ナ
さ	う	な	さ	う	な	さ	う	な	さ	う	な

- ディズニー [디즈니-] 디즈니

ディ	ズ	ニ	ー	ディ	ズ	ニ	ー	ディ	ズ	ニ	ー
でぃ	ず	に	ー	でぃ	ず	に	ー	でぃ	ず	に	ー

- ランド [라ㄴ도] 랜드

ラ	ン	ド	ラ	ン	ド	ラ	ン	ド	ラ	ン	ド
ら	ん	ど	ら	ん	ど	ら	ん	ど	ら	ん	ど

- アイヌ [아이누] 아이누

ア	イ	ヌ	ア	イ	ヌ	ア	イ	ヌ	ア	イ	ヌ
あ	い	ぬ	あ	い	ぬ	あ	い	ぬ	あ	い	ぬ

※ 홋카이도에 살던 원주민을 가리켜 '아이누족'이라 합니다.

- ノック [노ㄱ쿠] 노크

ノ	ッ	ク	ノ	ッ	ク	ノ	ッ	ク	ノ	ッ	ク
の	っ	く	の	っ	く	の	っ	く	の	っ	く

• マンション ［마ㄴ쇼ㄴ］맨션

マ	ン	ショ	ン	マ	ン	ショ	ン	マ	ン	ショ	ン
ま	ん	しょ	ん	ま	ん	しょ	ん	ま	ん	しょ	ん

• ミニバー ［미니바―］미니바

ミ	ニ	バ	ー	ミ	ニ	バ	ー	ミ	ニ	バ	ー
み	に	ば	―	み	に	ば	―	み	に	ば	―

• リムジンバス ［리무지ㄴ바스］리무진버스

リ	ム	ジ	ン	バ	ス	リ	ム	ジ	ン	バ	ス
り	む	じ	ん	ば	す	り	む	じ	ん	ば	す

• カメラ ［카메라］카메라

カ	メ	ラ	カ	メ	ラ	カ	メ	ラ	カ	メ	ラ
か	め	ら	か	め	ら	か	め	ら	か	め	ら

• ワイファイ ［와이화이］와이파이

ワ	イ	ファ	イ	ワ	イ	ファ	イ	ワ	イ	ファ	イ
わ	い	ふぁ	い	わ	い	ふぁ	い	わ	い	ふぁ	い

• ネット ［네ㅅ토］넷

ネ	ッ	ト	ネ	ッ	ト	ネ	ッ	ト	ネ	ッ	ト
ね	っ	と	ね	っ	と	ね	っ	と	ね	っ	と

• ヲ ［오］～을/를

ヲ	ヲ	ヲ	ヲ	ヲ	ヲ	ヲ	ヲ				
を	を	を	を	を	を	を					

연습문제

① 빈칸에 들어갈 글자를 적어 주세요.

(1) 비자
비	자

(2) 소파
소	화

(3) 프론트
후	로	ㄴ	토

(4) 카메라
카	메	라

(5) 티켓
치	케	ㅅ	토

(6) 호텔
호	테	루

(7) 비즈니스
비	지	네	ㅅ

(8) 인·아웃
이	ㄴ	·	아	우	토

② 다음에 알맞은 카타카나를 넣는다면?

- 도쿄 (디즈니-라ㄴ도) _____ 는 어째서 치바현에 있는 걸까?

- 홋카이도에 있던 원주민을 (아이누) _____ 족이라고 합니다.

- 화장실 문 열기 전에는 꼭 (노ㄱ쿠) _____ 하라고 했지!

- 한국에서 아파트의 개념을 일본에서는 (마ㄴ쇼ㄴ) _____ 이라고 합니다.

- 일본에서는 인터넷을 (네ㅅ토) _____ 라고 줄여서 말하곤 합니다.

- (유니바-사루 스타지오) _____ 재팬을 줄여서 USJ라고 부릅니다.

③ 단어 발음과 의미가 맞게 선을 이어 주세요.

(1) ワイファイ •	• 에레베-타- •	• 체크
(2) ミニバー •	• 리무지ㄴ바스 •	• 리모컨
(3) キャンセル •	• 와이화이 •	• 리무진버스
(4) サウナ •	• 캬ㄴ세루 •	• 캔슬
(5) エレベーター•	• 미니바- •	• 스카이트리
(6) リムジンバス•	• 오-토로ㄱ쿠 •	• 사우나
(7) リモコン •	• 스카이츠리- •	• 오토락
(8) オートロック•	• 쳬ㄱ쿠 •	• 엘리베이터
(9) スカイツリー•	• 리모코° •	• 미니바
(10) チェック •	• 사우나 •	• 와이파이

정답

① (1) ビザ (2) ソファ (3) フロント (4) カメラ
(5) チケット (6) ホテル (7) ビジネス
(8) イン・アウト

② (차례대로) ディズニーランド, アイヌ, ノック, マ
ンション, ネット, ユニバーサルスタジオ

③ (1) ワイファイ – 와이화이 – 와이파이
(2) ミニバー – 미니바– – 미니바
(3) キャンセル – 캬ㄴ세루 – 캔슬

(4) サウナ – 사우나 – 사우나
(5) エレベーター – 에레베-타- – 엘리베이터
(6) リムジンバス – 리무지ㄴ바스 – 리무진버스
(7) リモコン – 리모코° – 리모컨
(8) オートロック – 오-토로ㄱ쿠 – 오토락
(9) スカイツリー – 스카이츠리- – 스카이트리
(10) チェック – 쳬ㄱ쿠 – 체크

외래어로 카타카나 쓰기 연습 03

• アパート [아파-토] 아파트

ア	パ	ー	ト	ア	パ	ー	ト	ア	パ	ー	ト
あ	ぱ	ー	と	あ	ぱ	ー	と	あ	ぱ	ー	と

• クーラー [쿠-라-] (에어컨)쿨러

ク	ー	ラ	ー	ク	ー	ラ	ー	ク	ー	ラ	ー
く	ー	ら	ー	く	ー	ら	ー	く	ー	ら	ー

• シャワー [샤와-] 샤워

シャ	ワ	ー	シャ	ワ	ー	シャ	ワ	ー	シャ	ワ	ー
しゃ	わ	ー	しゃ	わ	ー	しゃ	わ	ー	しゃ	わ	ー

• ビル [비루] 빌딩

ビ	ル	ビ	ル	ビ	ル	ビ	ル	ビ	ル		
び	る	び	る	び	る	び	る				

※ ビ를 장음으로 길게 읽으면 '맥주'라는 의미인 ビール(び-る/비-루)가 됩니다.

• トンネル [토ㄴ네루] 터널

ト	ン	ネ	ル	ト	ン	ネ	ル	ト	ン	ネ	ル
と	ん	ね	る	と	ん	ね	る	と	ん	ね	る

• エーティーエム [에-티-에무] ATM

エ	ー	ティ	ー	エ	ム	エ	ー	ティ	ー	エ	ム
え	ー	てぃ	ー	え	む	え	ー	てぃ	ー	え	む

• マグロ [마구로] 참치

マ	グ	ロ	マ	グ	ロ	マ	グ	ロ	マ	グ	ロ
ま	ぐ	ろ	ま	ぐ	ろ	ま	ぐ	ろ	ま	ぐ	ろ

• サーモン [사-모ㄴ] 연어

サ	ー	モ	ン	サ	ー	モ	ン	サ	ー	モ	ン
さ	ー	も	ん	さ	ー	も	ん	さ	ー	も	ん

• キッチン [키ㅅ치ㄴ] 키친

キ	ッ	チ	ン	キ	ッ	チ	ン	キ	ッ	チ	ン
き	っ	ち	ん	き	っ	ち	ん	き	っ	ち	ん

• ナイフ [나이후] 나이프

ナ	イ	フ	ナ	イ	フ	ナ	イ	フ	ナ	イ	フ
な	い	ふ	な	い	ふ	な	い	ふ	な	い	ふ

• フォーク [호-쿠] 포크

フォ	ー	ク	フォ	ー	ク	フォ	ー	ク	フォ	ー	ク
ふぉ	ー	く	ふぉ	ー	く	ふぉ	ー	く	ふぉ	ー	く

• スプーン [스푸-ㄴ] 스푼

ス	プ	ー	ン	ス	プ	ー	ン	ス	プ	ー	ン
す	ぷ	ー	ん	す	ぷ	ー	ん	す	ぷ	ー	ん

• トイレ [토이레] 화장실

ト	イ	レ	ト	イ	レ	ト	イ	レ	ト	イ	レ
と	い	れ	と	い	れ	と	い	れ	と	い	れ

• タオル [타오루] 타올

タ	オ	ル	タ	オ	ル	タ	オ	ル	タ	オ	ル
た	お	る	た	お	る	た	お	る	た	お	る

• ウィルス [위루스] 바이러스

ウィ	ル	ス	ウィ	ル	ス	ウィ	ル	ス	ウィ	ル	ス
うぃ	る	す	うぃ	る	す	うぃ	る	す	うぃ	る	す

• カヌー [카누-] 카누

カ	ヌ	ー	カ	ヌ	ー	カ	ヌ	ー	カ	ヌ	ー
か	ぬ	ー	か	ぬ	ー	か	ぬ	ー	か	ぬ	ー

• ジャケット [쟈케ㅅ토] 재킷

ジャ	ケ	ッ	ト	ジャ	ケ	ッ	ト	ジャ	ケ	ッ	ト
じゃ	け	っ	と	じゃ	け	っ	と	じゃ	け	っ	と

• ティーシャツ [티-샤츠] 티셔츠

ティ	ー	シャ	ツ	ティ	ー	シャ	ツ	ティ	ー	シャ	ツ
てぃ	ー	しゃ	つ	てぃ	ー	しゃ	つ	てぃ	ー	しゃ	つ

• セーター [세-타-] 스웨터

セ	ー	タ	ー	セ	ー	タ	ー	セ	ー	タ	ー
せ	ー	た	ー	せ	ー	た	ー	せ	ー	た	ー

• ソックス [소ㄱ쿠스] 삭스, 양말

ソ	ッ	ク	ス	ソ	ッ	ク	ス	ソ	ッ	ク	ス
そ	っ	く	す	そ	っ	く	す	そ	っ	く	す

• ベルト [베루토] 벨트

ベ	ル	ト	ベ	ル	ト	ベ	ル	ト	ベ	ル	ト
べ	る	と	べ	る	と	べ	る	と	へ	る	と

• ユーシム [유-시무] U-SIM

ユ	ー	シ	ム	ユ	ー	シ	ム	ユ	ー	シ	ム
ゆ	ー	し	む	ゆ	ー	し	む	ゆ	ー	し	む

• リボン [리보◦] 리본

リ	ボ	ン	リ	ボ	ン	リ	ボ	ン	リ	ボ	ン
り	ぼ	ん	り	ぼ	ん	り	ぼ	ん	り	ぼ	ん

• ゴミ [고미] 쓰레기

ゴ	ミ	ゴ	ミ	ゴ	ミ	ゴ	ミ	ゴ	ミ		
ご	み	ご	み	ご	み	ご	み	ご	み		

• ノート [노-토] 노트

ノ	ー	ト	ノ	ー	ト	ノ	ー	ト	ノ	ー	ト
の	ー	と	の	ー	と	の	ー	と	の	ー	と

• アニメーション [아니메-쇼ㄴ] 애니메이션

ア	ニ	メ	ー	ショ	ン	ア	ニ	メ	ー	ショ	ン
あ	に	め	ー	しょ	ん	あ	に	め	ー	しょ	ん

• ヲ [오] ~을/를

ヲ	ヲ	ヲ	ヲ	ヲ	ヲ	ヲ	ヲ	ヲ			
を	を	を	を	を	を	を	を	を			

연습문제

1 빈칸에 들어갈 글자를 적어 주세요.

(1) 재킷

| 쟈 | 케 | ㅅ | 토 |

(2) 쓰레기

| 고 | 미 |

(3) 양말

| 소 | ㄱ | 쿠 | 스 |

(4) 나이프

| 나 | 이 | 후 |

(5) 연어

| 사 | - | 모 | ㄴ |

(6) 타올

| 타 | 오 | 루 |

(7) 키친

| 키 | ㅅ | 치 | ㄴ |

(8) 포크

| 호 | - | 쿠 |

(9) 터널

| 토 | ㄴ | 네 | 루 |

(10) 샤워

| 샤 | 와 | - |

2 다음에 알맞은 카타카나를 넣는다면?

- 컴퓨터가 (위루스) _____ 에 감염되어서 먹통이 되어버렸어!

- 그 목 늘어난 (세-타-) _____ 는 좀 그만 입어라!

- 일본에선 (아니메-쇼ㄴ) _____ 을 줄여서 아니메라고 말합니다.

- 돈을 인출하려 하는데 근처에 (에-티-에무) _____ 는 어디 있나요?

- 일본에서는 원룸 형태의 연립주택 형태의 집을 (아파-토) _____ 라고 합니다.

- 일본에서는 빌딩을 (비루) _____ 라고 하며 비를 길게 읽으면 맥주가 됩니다.

③ 단어 발음과 의미가 맞게 선을 이어 주세요.

(1) ティーシャツ ・　　　　　・ 마구로 ・　　　　　・ 리본

(2) リボン ・　　　　　・ 카누- ・　　　　　・ 화장실

(3) ユーシム ・　　　　　・ 쿠-라- ・　　　　　・ 참치

(4) ノート ・　　　　　・ 리보。 ・　　　　　・ 티셔츠

(5) トイレ ・　　　　　・ 유-시무 ・　　　　　・ 카누

(6) マグロ ・　　　　　・ 티-샤츠 ・　　　　　・ 스푼

(7) ベルト ・　　　　　・ 스푸-ㄴ ・　　　　　・ (에어컨)쿨러

(8) カヌー ・　　　　　・ 노-토 ・　　　　　・ 벨트

(9) スプーン ・　　　　　・ 베루토 ・　　　　　・ 노트

(10) クーラー ・　　　　　・ 토이레 ・　　　　　・ U-SIM

정답

① (1) ジャケット　(2) ゴミ　(3) ソックス　(4) ナイフ
(5) サーモン　(6) タオル　(7) キッチン
(8) フォーク　(9) トンネル　(10) シャワー

② (차례대로) ウィルス, セーター, アニメーション,
エーティーエム, アパート, ビル

③ (1) ティーシャツ – 티-샤츠 – 티셔츠
(2) リボン – 리보。 – 리본
(3) ユーシム – 유-시무 – 유심

(4) ノート – 노-토 – 노트
(5) トイレ – 토이레 – 화장실
(6) マグロ – 마구로 – 참치
(7) ベルト – 베루토 – 벨트
(8) カヌー – 카누- – 카누
(9) スプーン – 스푸-ㄴ – 스푼
(10) クーラー – 쿠-라- – (에어컨)쿨러

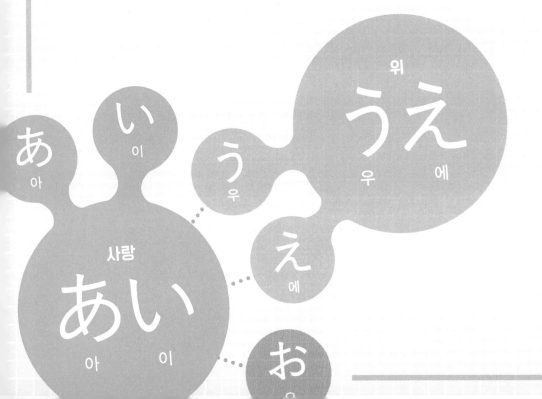

설명 편

히라가나의 유래

아행

원본 한자	한자 초서체	현재 히라가나
安 편안할 안	あ 일본식 한자 읽기 : 아ㄴ	あ 아(a)
以 써 이	い 일본식 한자 읽기 : 이	い 이(i)
宇 집 우	う 일본식 한자 읽기 : 우	う 우(u)
衣 옷 의	え 일본식 한자의 뜻 읽기 : 에	え 에(e)
於 탄식할 오	お 일본식 한자 읽기 : 오	お 오(o)

카행

원본 한자	한자 초서체	현재 히라가나
加 더할 가	か 일본식 한자 읽기 : 카	か 카(ka)
機 틀 기	き 일본식 한자 읽기 : 키	き 키(ki)
久 오랠 구	く 일본식 한자 읽기 : 큐우, 쿠	く 쿠(ku)
計 셀 계	け 일본식 한자 읽기 : 케이	け 케(ke)
己 몸 기		こ 일본식 한자 읽기 : 코	こ 코(ko)

사행

원본 한자	한자 초서체	현재 히라가나
左 왼 좌	さ 일본식 한자 읽기 : 사	さ 사(sa)
之 갈 지	し 일본식 한자 읽기 : 시	し 시(shi)
寸 마디 촌	 일본식 한자 읽기 : 스ㄴ	す 스(su)
世 세상 세	せ 일본식 한자 읽기 : 세	せ 세(se)
曽 일찍 증	そ 일본식 한자 읽기 : 소우	そ 소(so)

타행

원본 한자	한자 초서체	현재 히라가나
太 클 태	 일본식 한자 읽기 : 타이	た 타(ta)
知 알 지	ち 일본식 한자 읽기 : 치	ち 치(chi)
川 내 천	つ 중국식 읽기인 [chuan]이 전해져서	つ 츠(tsu)
天 하늘 천	て 일본식 한자 읽기 : 테ㄴ	て 테(te)
止 그칠 지	 일본식 한자의 뜻 읽기 : 토마루	と 토(to)

원본 한자	한자 초서체	현재 히라가나
奈	ﾅ	な
어찌 나	일본식 한자 읽기 : 나	나(na)
仁	仁	に
어질 인	일본식 한자 읽기 : 니ㄴ	니(ni)
奴	ぬ	ぬ
종 노	일본식 한자 읽기 : 도, 누	누(nu)
祢	祢	ね
사당 녜	일본식 한자 읽기 : 네, 데이	네(ne)
乃	乃	の
너 내	일본식 한자의 뜻 읽기 : 노	노(no)

원본 한자	한자 초서체	현재 히라가나
波	は	は
물결 파	일본식 한자 읽기 : 하	하(ha)
比	比	ひ
견줄 비	일본식 한자 읽기 : 히	히(hi)
不	ふ	ふ
아니 부	일본식 한자 읽기 : 후	후(hu)
部	へ	へ
떼 부	일본식 한자의 뜻 읽기 : 베	헤(he)
保	保	ほ
지킬 보	일본식 한자 읽기 : 호	호(ho)

원본 한자	한자 초서체	현재 히라가나
末	ま	ま
끝 말	일본식 한자 읽기 : 마츠	마(ma)
美	美	み
아름다울 미	일본식 한자 읽기 : 비, 미	미(mi)
武	む	む
굳셀 무	일본식 한자 읽기 : 부, 무	무(mu)
女		め
여자 녀	일본식 한자의 뜻 읽기 : 메	메(me)
毛	も	も
털 모	일본식 한자 읽기 : 모우	모(mo)

원본 한자	한자 초서체	현재 히라가나
也	や	や
잇기 야	일본식 한자 읽기 : 야	야(ya)
由	ゆ	ゆ
말미암을 유	일본식 한자 읽기 : 유우	유(yu)
与	よ	よ
줄 여	일본식 한자 읽기 : 요	요(yo)

원본 한자	한자 초서체	현재 히라가나
良 →	え →	ら
좋을 량	일본식 한자 읽기 : 료우, 로우, 라우	라(ra)
利 →	利 →	り
이로울 리	일본식 한자 읽기 : 리	리(ri)
留 →	蛮 →	る
머무를 류	일본식 한자 읽기 : 류우, 루	루(ru)
礼 →	禮 →	れ
예도 례	일본식 한자의 뜻 읽기 : 레이	레(re)
呂 →	ろ →	ろ
법칙 려	일본식 한자 읽기 : 로	로(ro)

원본 한자	한자 초서체	현재 히라가나
和 →	和 →	わ
화할 화	일본식 한자 읽기 : 와	와(wa)
遠 →	を →	を
멀 원	일본식 한자 읽기 : 에ㄴ, 오ㄴ	오(wo)
无 →	ゑ →	ん
없을 무		받침 ㄴ, ㅁ, ㅇ (n,m,ng)

카타카나의 유래

아행

원본 한자	발췌 부분	현재 카타카나
阿 언덕 아	阿 일본식 한자 읽기 : 아	ア 아 (a, あ)
伊 저 이	伊 일본식 한자 읽기 : 이	イ 이 (i, い)
宇 집 우	宇 일본식 한자 읽기 : 우	ウ 우 (u, う)
江 강 강	江 일본식 한자의 뜻 읽기 : 에	エ 에 (e, え)
於 탄식할 오	於 일본식 한자 읽기 : 오	オ 오 (o, お)

카행

원본 한자	발췌 부분	현재 카타카나
加 더할 가	加 일본식 한자 읽기 : 카	カ 카 (ka, か)
機 틀 기	機 일본식 한자 읽기 : 키	キ 키 (ki, き)
久 오랠 구	久 일본식 한자 읽기 : 큐우, 쿠	ク 쿠 (ku, く)
介 낄 개	介 일본식 한자 읽기 : 카이, 케	ケ 케 (ke, け)
己 몸 기	己 일본식 한자 읽기 : 코	コ 코 (ko, こ)

사행

원본 한자	발췌 부분	현재 카타카나
散 흩을 산	散 일본식 한자 읽기 : 사。	サ 사 (sa, さ)
之 갈 지	之 일본식 한자 읽기 : 시	シ 시 (shi, し)
須 모름지기 수	須 일본식 한자 읽기 : 스	ス 스 (su, す)
世 세상 세	世 일본식 한자 읽기 : 세	セ 세 (se, せ)
曽 일찍 증	曽 일본식 한자 읽기 : 소우	ソ 소 (so, そ)

타행

원본 한자	발췌 부분	현재 카타카나
多 많을 다	多 일본식 한자 읽기 : 타	タ 타 (ta, た)
千 일천 천	千 일본식 한자의 뜻 읽기 : 치	チ 치 (chi, ち)
川 내 천	川 중국식 읽기인 [chuan]이 전해져서	ツ 츠 (tsu, つ)
天 하늘 천	天 일본식 한자 읽기 : 테ㄴ	テ 테 (te, て)
止 그칠 지	止 일본식 한자의 뜻 읽기 : 토마루	ト 토 (to, と)

나행

원본 한자	발췌 부분	현재 카타카나
奈 어찌 나	奈 일본식 한자 읽기 : 나	ナ 나 (na, な)
仁 어질 인	仁 일본식 한자 읽기 : 니ㄴ	二 니 (ni, に)
奴 종 노	奴 일본식 한자 읽기 : 도, 누	ヌ 누 (nu, ぬ)
祢 사당 녜	祢 일본식 한자 읽기 : 네, 데이	ネ 네 (ne, ね)
乃 너 내	乃 일본식 한자의 뜻 읽기 : 노	ノ 노 (no, の)

하행

원본 한자	발췌 부분	현재 카타카나
八 여덟 팔	八 일본식 한자 읽기 : 하치	ハ 하 (ha, は)
比 견줄 비	比 일본식 한자 읽기 : 히	ヒ 히 (hi, ひ)
不 아니 부	不 일본식 한자 읽기 : 후	フ 후 (hu, ふ)
部 떼 부	部 일본식 한자의 뜻 읽기 : 베	ヘ 헤 (he, へ)
保 지킬 보	保 일본식 한자 읽기 : 호	ホ 호 (ho, ほ)

마행

원본 한자	발췌 부분	현재 카타카나
末 끝 말	末 일본식 한자 읽기 : 마츠	マ 마 (ma, ま)
三 석 삼	三 일본식 한자의 뜻 읽기 : 미츠	ミ 미 (mi, み)
牟 소우는소리 모 어두울 무	牟 일본식 한자 읽기 : 보우, 무	ム 무 (mu, む)
女 여자 녀	女 일본식 한자의 뜻 읽기 : 메	メ 메 (me, め)
毛 털 모	毛 일본식 한자 읽기 : 모우	モ 모 (mo, も)

야행

원본 한자	발췌 부분	현재 카타카나
也 잇기 야	也 일본식 한자 읽기 : 야	ヤ 야 (ya, や)
由 말미암을 유	由 일본식 한자 읽기 : 유우	ユ 유 (yu, ゆ)
與 줄 여	與 일본식 한자 읽기 : 요	ヨ 요 (yo, よ)

※ 與는 与의 정체자(원래 한자)임

원본 한자	발췌 부분	현재 카타카나
良 좋을 량	→ 良 → 일본식 한자 읽기 : 료우, 로우, 라우	ラ 라 (ra, ら)
利 이로울 리	→ 利 → 일본식 한자 읽기 : 리	リ 리 (ri, り)
流 흐를 류	→ 流 → 일본식 한자 읽기 : 류우, 루	ル 루 (ru, る)
礼 예도 례	→ 礼 → 일본식 한자 읽기 : 레이	レ 레ㅁ (re, れ)
呂 법칙 려	→ 呂 → 일본식 한자 읽기 : 로	ロ 로 (ro, ろ)

원본 한자	발췌 부분	현재 카타카나
和 화할 화	→ 和 → 일본식 한자 읽기 : 와	ワ 와 (wa, わ)
乎 어조사 호	→ 乎 → 옛 일본식 한자 읽기 : 오	ヲ 오 (wo, を)
尔 너 이	→ 尔 → 발음에 관해 여러 설 존재	ン ㄴ, ㅁ, ㅇ (N, ん)